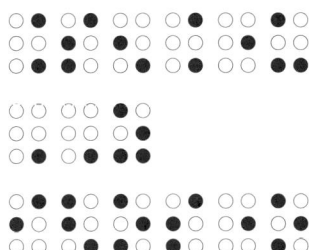

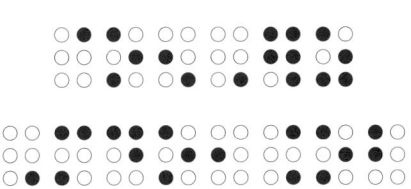

점자로 쓴
다이어리

김성은 수필집

신아출판사

작가의 말

 코로나 선별 검사를 받았습니다. 보건소 가는 길을 누구와 동행해야 할지 마음이 착잡했습니다. 초등학생 조카를 키우는 동생과 함께 가기가 영 미안했지만 이번에도 영은이는 씩씩하게 언니 보호자를 자처했습니다. 영은이가 운전하는 차를 타고 보건소에 갔습니다. 문진표를 작성하고 검체를 채취했습니다. 어릴 적 안과에서 진료받던 기억이 떠올랐습니다. 영은이는 젊은 내 엄마를 꼭 닮아 있었습니다.

 2009년 예기치 않은 사고로 언니가 의안 수술을 받았을 때도 영은이는 제가 할 수 있는 검색력을 총동원하여 믿을 만한 의안 제작 업체를 찾아냈습니다. 의안이 제작되고, 그것을 세척하는 방법부터 녹록지 않은 관리 과정 면면에 그림자처럼 함께해주었습니다.

 예정일이 달랐음에도 쌍둥이처럼 한 날에 태어난 유주와 민찬이 출생은 언제 생각해도 기이한 축복입니다. 영은이와 저는 2011년

11월 30일에 나란히 엄마가 되었습니다.

　큰언니 눈 낫게 해주고 싶어 줄기세포 전문가가 된 막내 동생 혜은이도 조력 없이 두 아이를 키우며 육아 전쟁 한 복판을 관통하고 있습니다.

　제가 경험하는 물리적인 세계는 사실 가정과 직장, 신아문예대학과 교회로 국한됩니다. 그 한계를 뛰어넘고 싶어 맹렬하게 읽고 썼습니다. 엄마, 딸, 아내, 특수교사의 눈으로 감각하고 사유한 궤적을 오롯이 담았습니다.

　독자님들께는 다소 생소한 시각장애인 관련 용어들이 곳곳에 등장합니다. 가령 '이료'라든지 '대체도서'와 같이 보통명사지만 보편적이지 않은 단어에는 각주를 붙여 두었습니다.

　《점자로 쓴 다이어리》가 출판되기까지 지도해 주시고 독려해 주신 신아출판사 서정환 사장님, 한경선 편집장님을 비롯한 관계자분들께 진심으로 감사드립니다.

　특별히 수필 전도사 양우식 작가님, 원고 수정 작업에 큰 도움 주신 목요반 송병운, 이해숙, 이형숙 문우님 고맙습니다.

　스무 해 전 2월 PC 통신 천리안에서 남편을 처음 알았습니다. 그와 함께해 온 20년을 꾸밈없이 담았습니다. 필자를 살게 하는 무한 동기탱크 차 부녀에게 첫눈 같은 사랑을 보냅니다.

　읽고 쓰기를 열망하는 사람으로서 가슴 벅찬 출간입니다. 달콤한 조각 케이크를 먹듯 출근하기 전 새벽 시간에 근근히 원고 작업했습니다. 겁많고 게으른 한 개인의 부끄러운 기록이지만 이 역시 저의 역사임을 고백합니다.

　언제까지고 쓰는 사람이겠습니다. 독자님들의 오늘이 평안하시기를 기원합니다.

　하늘에서 지켜보고 계실, 사랑하는 스승 고 김학 교수님께 이 책을 바칩니다.

2021년 3월 익산에서
김성은

차례

작가의 말 • 5

제1부
햇살 같은 그대에게

휴대폰 속 차모로족의 역사 • 16
입체 사람 공부하기 • 23
돈가스 남편과 곰탕 아내 • 27
신짜오 베트남 • 31
족쇄를 풀어준 남자(베트남 여행 2) • 35
스키와 자전거 • 39
3일 만에 100km 클리어 • 43
한여름에 파이어 아트를 • 48
너에게 가을을 보낸다 • 53
괌에서 온 편지 • 57

제2부

아프도록 소중한

엄마의 바다 • 64

나는 굽은 나무다 – 엄마의 바다(2) • 67

붕어빵 • 71

열 살 유주의 밸런타인데이 • 74

책 한 권이라도 더 읽히고 싶어서 • 78

제 친구를 소개합니다 • 81

준비성과 의연성을 처방받다 • 84

아프도록 소중한 • 88

소음이 없는 나라 일본 • 92

불량 슬라임 제조자들에게 고하노라 • 97

제3부
당신 덕분에

수필 전도사께 • 102

번역가가 된 작은 거인 김혜영 • 107

선생님과 어투 • 111

그리운 정윤민 선생님 • 114

반짝이는 직업의식 • 118

채널 맞추기 • 122

다섯 맹인의 번개 모임 • 125

서울살이를 그리는 시골 맹인 • 129

잣죽과 수세미 • 133

열여덟 번째 2월 • 137

제4부

두 눈을 도둑맞았지만

램프의 요정이 나에게 묻는다면 • 142

캄캄해도 잘 보는 엄마 • 145

당신들의 발자취 • 148

안내견 강산이를 그리며 • 152

헛심 쓰지 않기 • 156

플루트 소리로 남은 내 친구, 강산이 • 159

동화책에서 배우다 • 163

모녀 연필 대전 • 167

편견이란 유리 같은 것 • 171

우리 집을 찾아서 • 175

제5부
일이 내게 가르쳐준 것들

특수교사의 길 • 180
아픔은 아픔을 위로하고 • 184
때 묻지 않은 너희와 함께 • 188
상생의 기적 • 193
안마봉사 활동을 다녀와서 • 197
결국은 태도의 문제 • 201
빛나는 커튼콜 • 204
베이지색 목소리 • 207
아직은, 그래도 희망이 • 210
시냅스가 중요해 • 214

제6부
쓰는 사람이었으면

할머니 안녕하세요? • 222
쓰기의 마력 • 228
나의 19호실은 어디에 • 232
물처럼 살고 싶어 • 236
무창포 갈매기에게 • 239
책마루를 아시나요? • 244
화장실에서 깨우친 감정코칭 • 248
거북에 얽힌 사연 • 251
태풍 솔릭이 지나가다 • 255
내가 딛고 건너야 할 징검다리 • 258

평설

눈을 감고도 찾아낸 보석 같은 수필들 • 261
삼계三溪 김학(수필가, 신아문예대학 수필창작 지도교수)

제1부

햇살 같은 그대에게

휴대폰 속 차모로족의 역사

그를 처음 알았을 때 그의 아이디는 '아쭈구리'였다. 당시 세간에 유행했던 개그 코드를 소리 나는 대로 영문 조합한 'ajjuguri'에는 그 사람 특유의 유쾌함과 발랄함이 묻어났다. 문답 형식으로 간단명료하게 만든 자기소개 '백문백답 파일'에는 볶음 요리를 잘한다고 쓰여 있었다. 괄호 안의 '환상적'이라는 문구는 그의 명쾌한 성격을 짐작게 했다. 탁구공처럼 통통 튀는 문체와 순수한 선의가 고마웠다. 스치듯 몇 마디 나눈 채팅방에서 가볍게 시작한 '이메일 펜팔'이었다. 교환 일기를 쓰듯 2년 가까이 메일로만 일상을 나누었다. 그의 목소리가 궁금했지만 짧은 음악 메시지로만 소통하는 룰을 먼저 깰 수 없었다. 내가 책을 좋아하는 걸 안 그는 편편마다 시를 붙여 보내 주었다. 도서관에서 책을 빌려 직접 워드 친 파일을 보내주기도 했다. 원태연, 이정하, 안도현 시인의 감성 충만한 작품들이 기억난다. 당시 유행했던 드라마 〈가을동화〉 OST 테이프를 간식과 함께 보내주었고 속상한 푸념에 귀 기울여 주기도 했다. 친절하고 고마운 오빠였지만 직접 만나고 연애하고 결혼하게 될 거라고는 생각하지 않았다.

그는 태백에서, 나는 대구에서 타지 생활을 하고 있었다. 한 번 연락이 끊기면 1년이 넘는 공백이 있기도 했다. 그를 처음 만난 건 잠실 롯데월드에서였다. 친구 은혜가 함께였고 그가 집 앞까지 데려다 주었다. 낯선 도시의 밤, 아파트 숲길 사이에서 오류동 우리 집 주소를 찾던 그의 서먹한 몸짓이 생생하다. 그를 두 번째 만났을 때 나는 사회 초년생이 되어 있었다. 퇴근 시간, 교문 앞에 그의 티코가 서 있었다. 안내견 강산이가 낯선이 주위를 한 바퀴 돌며 킁킁거렸고 우리는 어색하지 않은 척 함께 저녁을 먹었다. 그날 이후로 그는 쉬는 날마다 내게로 달려왔다. 경북 안동에서 전북 익산까지 먼 길을 마다하지 않고 오가는 그가 고마웠다. 그를 기다렸고 헤어지는 시간이 아쉬웠다. 생존의 섬과도 같았던 익산에 그가 다녀가고 나면 지구에 나 혼자 남은 것 같은 외로움이 엄습했다.

시댁의 극심한 반대가 있었다. 모두가 많이 울었고 아팠다. 그는 경북 운산역에서 전북 익산역으로 전출을 단행했고, 우여곡절 끝에 우리는 여의도 사학연금회관에서 결혼식을 올렸다. '하늘 같은 서방님'으로 자신을 내 휴대폰에 저장한 그와의 신혼은 달콤했다. 둘이서 우리나라 방방곡곡을 누볐고 더없이 즐거웠다. 요리면 요리, 다림질이면 다림질 무엇이든 나보다 솜씨 좋게 해내는 그가 살림 전반을 세심하게 살펴 주었다. 덕분에 나는 설거지와 청소, 와이셔츠 손빨래 정도만 맡아 해도 충분했다. '하늘같은 남편'은 '차 주부'가 되었다. 손발이 야무지고 날렵한 그는 무엇이든 나보다 빠르고 능숙했다. 손이 더디고 서툰 나를 곁에서 지켜보기가 얼마나 답답했을까? 고심 끝에 유주를 낳고 휴대폰 속 '차 주부'는 '남편'이 되었다.

사사건건 남의 편이 되는, 내 편이 아닌 것 같은 그의 언사에 불만이 쌓였다. 꽤 오랫동안 그는 건조한 '남편'으로 내 휴대폰 속에 살았다. 유주를 낳고 키우면서 친정어머니가 우리 집에 함께 기거하시기도, 그가 육아 휴직을 하기도 했다. 희생과 헌신으로 점철된 나날은 가족 모두의 인내를 담보로 더디게 흘러갔다. 친정어머니가 맹장 수술을, 아버지가 당뇨 진단을 받으셨다. 무럭무럭 자라 주는 유주가 지친 어른들의 유일한 버팀목이었다. 재주꾼인 그는 유주의 성장 동영상을 월별로 편집하여 시댁 어른들께 보냈고, 영상은 소중한 추억으로 남았다. 유주가 어린이집에 가고, 유치원에 다니는 동안 나와 그도 자랐다. 엄마로서, 아빠로서 서툴고 연약한 서로에게 기댈 수 없어 서운했고 원망했다. 위로가 되어주지 못하는 상대를 탓하며 감정의 악순환을 무한 반복했다.

친정 식구들에게 유주를 맡기고 강원도 속초로 부부만의 여행을 떠났을 때 비로소 다정했던 그가 엿보였다. 그도 나도 무미건조한 일상으로 돌아오고 싶지 않은 마음에 몸살을 앓았다. 그의 손을 잡고 걸었던 설악산 비룡폭포 길이 너무 좋아서 휴대폰 속 '남편'을 '비룡폭포'로 바꾸었다. 전화를 받을 때마다 '비룡폭포'에서의 감각을 떠올리며 여행의 여운을 음미했다. 그러던 어느 날 그가 탁구동호회 회원들과 그것도 같은 또래 남녀 소수만 어울려 꽃놀이를 다녀왔다는 사실을 알았다. 머리로는 이해했지만, 가슴으로는 그럴 수 없었다. 끝까지 사과하지 않는 그에게 화가 나서 '비룡폭포'를 'ㅇ'으로 바꾸었다. 내가 알 수 없는 그의 시공간을 인정해야 할 것 같았지만 쉽지 않았다. 어떤 추측도 하지 않고 내 머리를 비워내고 싶었다. 한동안 냉전을 지속했다. 정해진 동선을 사는 나와는 다른 세계를 사는 그의 자유로움은 타당했지만, 배우자의 여흥까지 이해해줄 마음은 없었다.

'ㅇ'은 '한옥'이 되었다. 전라북도 과학 선생님들이 주최한 가족 캠프에서 그는 넘치는 끼와 재치를 유감없이 발휘했다. 장애 아동이 있는 가족들이 대부분이었고 부모가 장애인인 경우는 우리 가정뿐이었다. 낯선 가족들과 같은 식탁에서 식사하는 것이 불편해서, 내 장애가 두드러지는 현장이 싫어서 웃을 수 없었다. 젊은 엄마들이 유연하게 아이들을 챙겨 주는 모습 앞에서 반찬 위치를 일일이 설명 들어야 하는 내 입장이 옹색했다. 정작 1학년 유주와 '한옥' 씨는 내 장애를 부끄러워하거나 불편해하지 않았는데, 문제는 '나'였다. 캠프 장소는 전주 한옥마을이었다. 세 식구가 고운 한복을 차려입고 사진을 찍었다. 소중한 가족사진이 인쇄된 머그잔을 선물 받았다. 유주가 한지에 붓으로 가훈을 썼다. '한옥' 씨가 즉석에서 만들어 불러준 가훈은 "삐지지 말자."였다. 감정의 소요를 차근차근 말로 표현하지 못하고 속으로 끙끙 앓는 내 미련한 성격을 겨냥한 문장이었다.

 단풍잎을 주워 천연 염색을 해보고, 비빔밥도 만들어 먹었다. 유주가 한지 등을 만드는 것을 한옥 씨가 거들어 주는 동안 나는 주변의 시선을 의식하며 잠시 뻘쭘해지기도 했다. 가족 대항 레크리에이션 시간에는 그가 한옥 팀의 조장을 맡아 분위기를 주도했다. 제기차기에서도 두각을 나타냈다. 종합 성적이 좋아서 캠프 폐회식에서는 상도 받았다. 나에게 없는 살가운 에너지가 그에게 있었다. 시냇물같이 맑고 투명한 그는 고맙게도 번번이 쾌활했다. 한옥 씨 덕분에 우리 세 식구는 오붓한 호캉스를 즐기기도 했고, 뜨거운 한여름 바닷가 파도도 맛봤다. 부산 벡스코를 두 번이나 다녀왔고, 영덕 대게도 배불리 먹었다. 전투적으로 게살을 바르는 그에게 유주의 치명적인 한마디. "아빠, 똥 마려워." 낯설고 소란스러운 공간에서 유주의 일거수일투족은 오롯이 한옥 씨의 돌봄으로 채워졌다.

 베트남에서 장염으로 고생했던 한옥 씨가 두 번째 해외여행을 계획했다. 목적지가 괌으로 정해지는 순간부터 준비 왕인 그는 입국 심사 팁은 물론 1괌, 2괌, 6괌까지 마니아들 블로그를 섭렵했다. 쇼핑이며 수상 레저의 활기가 넘치는 괌은 가족 단위 여행객들로 붐볐다. 괌은 '차모로족'이라는 원주민이 사는 섬이었다. 베트남에서 장염의 지독한 쓴맛을 봤던 우리 부부는 아프면 안 된다는 불안에 떨었다. 쇼핑을 좋아하는 그는 우리나라 제품이 발견될 때마다 환호하며 초등학생처럼 신기해했다. 다양한 먹거리도 입맛에 딱 맞다면서 자신은 선진국형이라는 말을 강조했다. 햄버거도 라이스도 너무 짜서 먹지 못하는 내가 이상할 지경이었다.

TARJAR 워터파크에서는 처음부터 끝까지 유주를 생각했다. 유주를 데리고 오면 어떻게 놀아야겠다고 둘이서 끊임없이 얘기하며 슬라이드를 탔다. 겁이 많아서 물놀이를 즐기지 못하는 나를 그는 참을성 있게 도와주었다. 서서히 경직이 풀리고 물에 적응했다. 차모로 원주민처럼 괌을 마음에 들어 하는 한옥 씨는 '차모로'가 되었다. 마침 성도 차씨 아니던가. 아직 유주와 함께하는 2괌은 하지 못했다. 코로나19 재난으로 해외는커녕 국내 여행길도 꽉 막혔다. 올여름에는 호캉스를 너머 홈캉스를 대비해야 할 형편이 되었다.

유주의 3학년이 온라인으로 5월에나 시작되었고, 경기도 하남에 사는 조카 민찬이는 여름 방학을 앞둔 7월인데도 주 1회 등교한다. 코로나 감옥이 싫다. 차모로 씨랑 유주랑 셋이서 괌도 가고, 프랑스도 가고, 이탈리아도 가봤으면 좋겠다. 유주 정체성이 견고해지고 유연한 눈에 넓은 세계를 담아 그녀 고유의 해석을 풀어낼 줄 아는 멋진 사람으로 커가면 좋겠다.

며칠 전에 '차모로'에서 '모로'를 지웠다. 그가 주말마다 동료들과 어울려 혼자만 바쁘게 지리산 둘레길이다, 옥산 저수지다 쏘다니는 모습이 못마땅했다. 맹인으로서는 이해했지만, 아내로서 달가울 리 없는 그의 자유는 맥없이 아슬아슬했다.

　수시로 바뀌는 닉네임에는 남모르는 내 감정이 묻어난다. 감사, 사랑, 행복, 원망, 비난, 고독도 그로 인해 절절이 체감한다. 임경선 작가가 쓴《곁에 남아 있는 사람》을 읽었다. 차모로든 차든 그는 내 인생 끝까지 곁에 남아 있을 거다. 나 역시 그의 곁에서 할머니가 되리라. 실컷 사랑하고, 미워하고, 부대끼면서 그와 나는 운명 공동체로 굳어져 서로의 곁을 지킬 거다. 우리네 부모님들이 그러셨던 것처럼 할머니, 할아버지가 되어서도 힘닿는 데까지 최선을 다해 티격태격하면서 먼저 가는 사람의 마지막을 배웅하게 될지도 모르겠다. 순전한 존경으로 내 안에 그의 역사가 완성되기를 기도한다. 한 생명의 세계가 된 부모 역할을 부디 성실하게 완수하기를, 평범하지 않은 우리 사랑이 끝까지 아름답기를 진심으로 소망한다.

입체 사람 공부하기

아리요시 사와코가 쓴 《악녀에 대하여》를 읽었다. 제목이 독특하여 차례를 살펴보니 꽤 흥미로운 구성이 호기심을 자극했다. 이 책은 '도미노 코지 기미코'라는 여주인공에 대한 27명의 주변인이 화자와 인터뷰하는 형식으로 구성되어 있다.

어느 날 갑자기 미모의 사업가 도미노 코지 기미코가 사망한다. 사망 경위를 수사하는 경찰이 27명의 주변인을 대상으로 사건의 전말을 파헤쳐 가는 이야기다. 결론적으로 기미코는 악녀다. 젊고 아름다운 미모를 무기로 주변인들을 감쪽같이 속이며, 거대한 부를 축적하고, 여러 남자를 유혹하여 이중 결혼을 하는가 하면, 아이까지 출산하면서 태연자약하게 가정과 사업체를 꾸려간다. 동양 철학을 공부하다 보면 인간은 소우주라는 글귀를 접할 수 있다. 그만큼 '사람'이 고귀하고 복잡한 존재라는 뜻일 터이다. 가벼운 느낌으로 단

숨에 읽어 치운 『악녀에 대하여』라는 소설이 내 뇌리에 오랜 여운으로 남은 까닭은, 바로 그 '소우주'와 '기미코'의 연관성 때문이었다.

27명의 증인은 제각기 다른 모습으로 기미코를 회상했다. 누군가에게는 착하고 순진한 모범생이었고, 또 누군가에게는 젊은 날 한때 뜨거운 사랑을 나누었던 다시없을 연인이었다. 그런가 하면 젊지만 야무진 어미였고, 유능한 사업가였으며, 지독한 배신자이기도 했다. 주목할 것은 이 모두가 적어도 그 27명의 증인에게는 제각기 명백한 사실이었다는 점이다. 생각해 보면 우리는 모든 관계 속에 상대방의 단편적인 면모를 전부라 믿으며, 판단하고, 평가하고, 공격하고, 단정 짓는 경향이 있다. 상대방의 어떤 단면에 홀딱 반해서 마음의 문을 열었다가도 금세 실망하고 낙담하여 그 사람에게 열었던 마음의 문을 가차 없이 닫아 버린다. 마음을 열었던 이유나, 닫게 된 이유가 모두 그 사람 자체인 것을 우리는 쉽게 잊는다.

육아의 달인이 된 남편이 동네에 딸아이 친구가 생겼다며, 즐거운 걸음으로 나들이를 나섰다. 저녁 무렵 귀가한 유주를 씻길 때까지도 아이에게 친구가 생겼다는 사실이 반가웠고, 미진이가 외동으로 크는 유주에게 든든한 동무가 되었으면 바랐다. 아이를 씻기는데, "엄마, 미진이 엄마가 내 아빠 동생이야?" 묻는 게 아닌가! 무슨 뜻인지 얼른 이해되지 않았다. "엄마, 미진이 엄마가 아빠한테 오빠라고 그런다. 응, 아빠랑 미진이 엄마는 같이 커피 마시고, 우리는 놀았어."

속이 상했다. 그때까지도 나는 남편이 아이 둘을 데리고 놀았다고

만 생각한 거다. 왜 그 아이가 엄마와 동행했을 거라고는 생각하지 못했을까? 그 나이에 밖에서 알게 된 남자에게 '오빠'라는 호칭은 어울리지 않았다. 함께 마주 앉아 이야기를 나눌 정도라면 제법 친밀한 사이일지 모르겠다는 불쾌한 추측에 심장이 떨렸다.

남편은 자신의 행동이 전혀 문제 될 것 없다는 태도였다. 한동안 화가 풀리지 않아 전전긍긍하며, 지인들에게 속상한 마음을 토로했다. 재미있는 것은 각자 입장에 따라 반응들이 사뭇 달랐다는 점이다.

나처럼 두 눈이 어두운 워킹맘 친구는 대번에 "야, 난 그렇게는 안 산다. 갈라서." 했다. 저시력인 기혼 남자 선배는 "아이고, 우리 성은이 속상했겠네. 남편이 장애 이해 교육 좀 받아야겠는 걸." 했다. 반면 내가 오랜 시간 의지하며 속내를 터놓고 지내는 비장애인 언니는 "그게 왜 문제가 돼?" 했다.

남편은 나에게 단 한 번의 사랑이요, 숙제다. 남편으로 인해 경험한 꿈같은 행복도, 절벽 같은 고독도 결국은 내가 끌어안아야 할 삶이다.

어린 학생들에게 종종 강조한다. 우리는 두 눈이 어두워 그만큼 경험의 폭이 좁을 수밖에 없다고, 바닷가 앞에 서서 밀려오는 파도에 바짓가랑이를 적셔본 느낌만으로, 드넓은 바다를 다 알았다고 착각해서는 절대 안 된다고…. 경솔하게 타인을 재단하며 자기가 아는 것이 전부인 양 목청을 높이는 사람들이 우리 주변에는 의외로 많다. 소설 속 '악녀'를 증언하는 27명의 시각만큼이라도 내 안에 다양한 나를 인정할 수 있다면, 타인의 면모를 이해할 수 있다면, 내가 받는 상처도, 내가 주는 상처도 지금보다는 한결 가벼워질 수 있지 않을까?

돈가스 남편과 곰탕 아내

나는 돈가스를 무척 좋아한다. 바삭거리는 식감과 쫄깃한 돼지고기에 향긋한 소스를 곁들여 먹는 돈가스는 유주도 즐겨 찾는 음식인지라 우리 가족의 단골 메뉴다. 돈가스는 조리할 때도 민첩하게 기름의 온도를 파악하고, 짧은 시간 적당히 튀겨내야 맛을 낼 수 있다. 맛의 유효 기간이 꽤 극적이라고 할까? 반면 곰탕은 오랜 시간 뜨거운 불에 푹 고아야 깊은 맛을 낼 수 있다. 끓이기 시작하면 오랜 시간 뭉근한 불에서 진국이 우러날 때까지 조리해야 하므로 온 식구가 푸짐하게 나누어 먹을 수 있을 양을 요리하는 경우가 많다.

돈가스와 곰탕의 공통점이라면 둘 다 '음식'이라는 점 정도일까? 돈가스는 포크로 찍어 먹지만, 곰탕은 숟가락으로 떠먹는다. 돈가스는 바삭바삭 고소하지만, 곰탕은 뜨끈뜨끈 진국이다. 돈가스는 샐러드와 야채로 아기자기하게 모양을 내지만, 곰탕은 투박한 뚝배기에 멋없이 담겨 있다. 남편은 돈가스 같은 사람이고 나는 곰탕 같은 아내다. 남편은 곰탕의 미련함을 견디기 힘들어하고, 아내는 돈가스의 성급한 산화를 이해하지 못해 괴롭다. 남편은 순간 높은 열량을 자랑하며 폭발하지만, 아내는 화가 나는 것도, 식는 것도 시간이 필요하다. 곰탕은 흉내 낼 수 없는 돈가스의 바삭함과 신선함에 반했다. 자유로운 언행과 빛나는 재치에 매료되어 그의 손을 덥석 잡았다. 남편은 나의 무엇이 좋았을까?

청명한 가을 어느 주말, 우리 가족은 함라산 등산길에 올랐다. 우리 부부에게는 익숙한 등산코스였지만, 출산하고 처음 나서는 걸음인지라 내심 걱정이 되었다. 날다람쥐 같은 유주를 동반한 세 식구 등산은 처음이었으므로 남편의 부담도 만만치 않았으리라. 유주는 토끼처럼 깡충거렸고, 참새처럼 재잘거렸다. 정상 가까이에 가서는 오르막 앞에서 지친 기색을 보였지만 딸아이는 끝까지 민첩했다. 유주는 내 무거운 다리와 심장을 펌프질해 주는 신묘한 발전기였다. 정상에 올라 익산 시내를 내려다보며 남편은 안도의 한숨을 내쉬었다. 아이에게 우리 집을 찾아보라고 개구쟁이 같은 숙제를 내주기도 했다. 정자에 앉은 유주는 오이를 아삭아삭 달게도 먹었다.

평소 러닝머신을 타며 체력을 관리했건만 경사가 있는 산에서의 보행은 차원이 달랐다. 출산 전에는 가뿐하게 정상까지 주파했던 코스였다. 하산할 땐 다리가 풀려 엉덩방아를 세 번이나 찧었다. 날다람쥐 같은 유주가 앞서 내려간 참이라 마음이 바빴다. 나에게 팔을 빌려준 남편은 능청스럽게 여유를 부렸지만, 딸아이에게 온 신경을 곤두세우고 있었다. 얼마나 힘들었을까? 문득 '시각장애인과 등산하기'라는 미션에 얼마나 많은 사람이 자원할까 생각해봤다. 솔직히 돈을 준다고 해도 선뜻 나설 사람은 많지 않으리라.

유주는 영민하게 주차장까지 내려가 우리 차 앞에서 전화를 걸어왔다. 싱싱한 목소리로 1등 상금 5,000원을 외쳤다. 고마웠다. 건강하게 자라서 깡충거리며 씩씩하게 등산에 성공한 유주도, 그 아이를 키우며 눈물 콧물 범벅으로 거친 시간 견뎌 온 남편도….

친한 동료와 함께 돈가스 나베라는 요리를 먹어본 적이 있다. 일본식 전골 요리로 돈가스를 자작한 국물 냄비에 담가 먹는 메뉴였다. 최근에는 요리 전문가 백종원 선생이 소개한 '돈가스 김치 나베'가 대중들 사이에서 큰 인기라고 했다.

돈가스 나베. 바로 돈가스 같은 남자와 곰탕 같은 여자가 어우러질 수 있는 모범답안 아닐까?

곰탕은 돈가스 보고 매사에 진득할 것을 주문했다. 성급한 언행을 비난하기도 했다. 반대로 돈가스는 곰탕 보고 민첩하게 처신할 것을 요구했다. 자기 자신보다 주변 상황에 초점을 맞추어 행동하는 곰탕의 수동적인 태도에 분통을 터뜨리기도 했다. 각자 잣대로 상대방을 판단했으므로 부부는 평행선을 달렸다.

전혀 어울리지 않을 것 같은 국물과 돈가스는 어엿한 돈가스 나베가 되었다. 돈가스와 곰탕의 차이점을 겸허히 수용하기로 했다. 돈가스가 곰탕이기를 바라지 않기로 마음먹었다.

　내일은 우리 가족이 두 번째 등산길에 오른다. 유주가 좋아하는 컵라면과 김밥을 준비하여 정상에서의 만찬을 누릴 참이다. 가수 '정인'이 부른 〈오르막길〉이란 노래 가사 한 대목이다. "이제 끈적이는 땀, 거칠게 내쉬는 숨이 우리 유일한 대화일지 몰라." 세 식구의 일상이 함라산 정상에서의 소박한 축제 같을 수만은 없으리라.

　다만 한 곳을 바라보며 함께 나아갈 수 있다는 믿음이, 서로의 건강과 안녕을 염려하는 마음이 우리를 하나로 묶어주는 운명의 끈이 아닐까?

신짜오 베트남

첫 해외여행이었다. 청주에서 7시에 뜨기로 되어있던 비행기는 안개 자욱한 공항에 착륙하지 못하고 인천으로 회항했다. 여행객들은 탑승할 비행기를 속절없이 기다렸다. 3박 5일 일정으로 다낭과 후에를 돌아보는 상품이었다. 6시부터 출국을 준비하며 안내방송에 집중했다. 이륙 시간은 엿가락처럼 늘어졌다. 여행 일정 반나절이 날아가 버렸고, 배는 고팠으며, 같은 일행으로 묶인 30명의 분위기는 지연된 비행 끝에서 김빠진 맥주 냄새를 풍기고 있었다.

다낭 국제공항에 도착하니 저녁 무렵이었고, 가이드 안내에 따라 배정된 버스에 자리했다. 반미를 맛있게 먹으며 여행 일정에 대한 사전 설명을 들었다. 허기가 채워지니 비로소 내가 딛고 있는 이 땅이 진짜 베트남인가 싶었다. 드디어 신토불이 토종 김성은이 직접 베트남 다낭 땅을 밟았다는 감격에 가슴이 벅찼다.

"신짜오!" 인사를 나누며 베트남 문화를 체험했다. 우리나라보다 화폐 가치가 낮은 베트남은 선한 느낌으로 내게 다가왔다. 영어로 나는 앞을 볼 수 없다고 말하면 현지인들은 온기 묻은 손길을 내밀었다.

거친 오토바이 소리로 가득한 후애 시내 도로에서 체험한 씨클로 아저씨도, 호이안 어느 강에서 우리 부부를 태워준 바구니 보트 선원도, 민망 황제를 소개하며 우리 일행을 열심히 안내해 준 한국어 전공 베트남 대학생 아가씨도 성실한 직업인의 면모를 유감없이 보여주었다. 맥주를 마시면서 관람한 아오자이 쇼도 멋진 경험이었다. 처음에는 볼 수 없는 나에게 패션쇼가 무슨 의미일까 싶어 관람을 망설였지만 남편은 보고 싶을 것 같았다. 배우들이 공연 내내 무대에서 내려와 관객들 손을 잡는가 하면 전통 악기를 직접 가르쳐주었다. 눈 감은 나도 심심할 틈이 없었다. 성의가 느껴지는 연출이었다.

베트남 현지인들은 '땀'의 이미지로 남았다. 결코, 큰돈을 버는 직업이 아니었음에도 그들의 노동은 성실했고, 순박한 열정은 즐거웠다. 오토바이가 주 교통수단인 베트남에서 휴대폰을 소매치기당하는 경우가 종종 발생한다는 가이드 주의를 들었지만, 적어도 내가 경험한 현지인들은 미안할 만큼 친절했다. 리조트 방문 앞에 표기된 점자를 발견했을 때의 반가움이라니!

그들처럼 순수하고 선량한 사람들이 참 좋다. 조금이라도 덜 움직이며 편리한 방법이나 대상을 물색하는 지능적인 사람들은 타인의 입장을 고려하기에 앞서 스스로를 배려한다.

화이트데이였던 어제, 또 한 분의 전직 대통령이 검찰에 소환되었다. 측근들이 줄줄이 구속되고, 합리적 의심을 가능케 하는 주요 정황들이 속속 발각되는 가운데, 수사의 칼끝은 엄중하다. 과연 이 나라의 역사는 어떻게 되는 걸까? 나는 '다스'가 누구 것인지 모른다. 다만 평생 쓰기만 해도 못다 쓸 재산을 이미 축적한 한 나라의 국가원수가 무에 그리 아쉬움이 많아서 그런 복잡한 사건에 휘말리고, 심지어 주범으로 수사를 받는 처지가 되었을까?

눈 감은 나는 남을 속일 재간도, 몰래 나쁜 짓을 할 여력도 없다. 외출이라도 할라치면 이곳저곳 장애인 차량을 섭외해야 하고, 흰지팡이는 내가 어디에 있든 많은 사람의 시선을 사로잡고 만다. 때로는 남의 눈을 피할 선택권을 애초에 박탈당한 내 처지가 답답하기도 하다. 하지만 은밀해질 수 없는 신체 조건이 꼭 나쁘지만은 않다.

베트남에 머문 사흘 동안 나는 선량한 그들로 인해 즐거웠고, 정직한 땀 냄새에 감동했다. 간단한 회화로 현지인들과 소통하며, 어린아이처럼 들떴던 마음에 영어 공부를 새겼다. 귀국하는 비행기 안에서 새벽을 맞으며 창밖을 상상했다. 동그란 해님이 흰 구름 이불 속에서 늘어지게 하품하며 기지개를 켜고 있을까? 창공에서 맞는 새벽은 선물이었다. 내게는 특별한 장소로 기억될 베트남! 말린 망

고와 노니, 쌀국수 맛으로 남은 나라. 재스민향이 스민 축축한 공기에 흙냄새 묻은 수돗물이 나왔던 곳. 평화로운 리조트를 오가는 사람들의 도란거림이 한없이 정답던 여행지.

 온종일 객실 침대에 누워 앓다가 쓰레기통을 부여잡고 구토하던 남편도 귀국하는 비행기 안에서는 다행히 무탈했다. 청주 공항에 착륙하여 두꺼운 패딩 점퍼를 덧입었다. 말이 통하고 어떤 위급 상황이라도 대처할 수 있는 우리나라에 도착했다는 사실 자체로 일단 마음이 놓였다. 익산 집에 당도할 때까지 긴장을 풀지 못한 채 남편 옆자리에 앉아 있었다. 교대로 운전하지 못하는 형편이 미안했다. 남편은 귀국해서도 며칠을 앓았다. 응급실에 다녀온 몸으로도 처방받은 약 성분을 일일이 읽으며 확인하는 남자, 치밀함에 놀랐다.

 3박 5일 패키지 상품이었지만 24시간이 채 되지 못한 베트남 여행은 그렇게 끝이 났다.

족쇄를 풀어준 남자(베트남 여행 2)

《너와 함께한 모든 길이 좋았다》라는 여행 에세이를 읽었다. 20대 초반 커플이 공동 저자였다. 박윤영은 보행할 때 휠체어가 필요한 여대생이다. 신체 건강한 최준우는 그녀의 연인이다. 더 넓은 세상을 감각하고 싶어 몸살을 앓는 여자 친구의 오랜 꿈, 실현할 수 없을 것 같던 유럽 배낭여행을 둘이서 결행했다. 지독한 길치녀와 결정적인 순간 물건을 빠뜨리고 마는 덜렁남이 함께한 유럽 여행이었다. 최소한의 경비로 숙박을 해결하고, 휠체어가 탑승할 수 있는 대중교통을 이용해야 하는 필요조건에 맞춰 둘은 서로의 '끝'을 경험했다. 체력, 인내심, 배려, 행복의 한계까지….

남편은 내 두 발에 채워진 족쇄를 풀어준 사람이다. 우리나라 방방곡곡 여행을 즐겼다. 포항 호미곶의 시원한 바닷바람, 한여름에도 모기가 없는 서늘한 태백, 화려한 불꽃놀이에 횟집 사람들이 창가에 붙어 환호하는 사이 혼자서 젓가락질에만 몰두했던 부산 광안리 바닷가를 어찌 잊을 수 있을까!

 베트남에서 이튿날 아침까지 남편 컨디션은 최상이었다. 한국에서 익히 맛봤던 쌀국수였지만, 현지에서 먹으니 더 맛있었다. 갖가지 과일에 다양한 디저트는 왕성한 식욕을 자극했다. 뷔페식당을 분주하게 오가며 식사를 마치고 리조트 내를 산책했다.

 비가 내릴 듯 말 듯 서늘한 아침 공기에는 촉촉한 운치가 스며있었고, 곳곳에 마련된 선베드는 휴양의 기쁨을 더했다. 바의 메뉴를 구경하며 먹고 싶은 술과 안주를 골라둔 다음 서둘러 로비로 향했다. 유치원 꼬마가 된 것처럼 가이드의 당부와 안내 사항을 착하게 들었다. 오전에는 진주 보석 공장에 들러 쇼핑을 한다고 했다. 버스로 이동하는 도로 고도가 높아 맑은 날씨에는 매혹적인 장관이 펼쳐진다고 했다. 바다와 하늘이 어우러진 그림 같은 풍경이…. 일행은 모두가 기대에 들떠 왁자지껄 흥겨웠다.

 버스로 한 시간여를 달렸을까? 남편이 속이 안 좋다며 비닐봉지를 찾았다. 비위가 약하고 속탈이 잦은 남편에게 아침 과식이 문제가 된 것 같았다. 서둘러 봉지를 준비하고, 체한 데 효과적인 합곡혈을 열심히 주물렀다. 그 사이 버스는 목적지에 도착했고, 일행은 썰물처럼 쇼핑센터 안으로 사라졌다. 바깥바람을 쏘이니 남편은 울렁거림이 좀 가라앉았다고 했다.

전리품을 손에 쥔 일행들은 진주 보석을 자랑하느라 떠들썩했다. 맥없이 내 귀가 옆자리 여성들 수다를 듣고 있었다. 그때 누군가 손목에 팔찌를 채워주는 게 아닌가! 깜짝 놀라 퍼뜩 고개를 들었다. 프로 가이드 허 부장이었다. 바쁜 와중에도 버스에 남은 나를 생각하고 기념품을 챙겨준 마음이 고마웠다.

겨우 바구니 보트를 탔다. 〈내 나이가 어때서〉를 비롯한 우리 가요가 스피커를 찢을 듯 고막을 울렸다. 요란하게 울려 퍼지는 댄스 가요에 맞춰 선원들은 정신없이 춤을 추었다. 작은 배가 요동치면서 뱃멀미가 밀려왔다. 가뜩이나 남편 속이 좋지 못한 상태인지라 여간 불안하지 않았다. 젊은 선원이 우리 손가락에 끼워 준 메뚜기 모양 풀반지만 파릇파릇했다. 진정되는 듯 이어지는 구토 때문에 우리 부부는 더 이상 일정을 진행할 수 없었다.

현지 콜택시를 타고 숙소로 돌아왔다. 여행사에서 파견한 직원이 남편을 병원에 데리고 갔다. 우리가 숙소에 갇혀 있는 사이 허 부장은 끼니마다 도시락을 배달 시켜 주었다. 그토록 간절하게 바랐던 다낭 시내에서 나는 다 식어버린 도시락과 감옥을 경험했다. 잠든 남편 곁에 멍하니 앉아 창밖 세상에 귀를 기울이고 있자니 그리스 로마 신화에 나오는 탄탈로스 이야기가 떠올랐다.

신들의 지혜를 시험한 죄로 타르타고스에 갇혀 영원한 목마름과 배고픔에 시달렸다고 했던가? 손만 뻗으면 닿을 곳에 탐스러운 사과가 열려 있었지만 먹음직스러운 사과를 입에 넣을 수 없었던 탄탈

로스의 고통이 짐작되었다. 경황 중에 걱정만 분주했다. 그런데 시간이 흐를수록 내 마음에서는 첫 해외여행이 물거품 된 아쉬움이 스멀스멀 피어올랐다. 오후 다섯 시가 다 되어서야 나는 도시락을 열었다. 더듬더듬 냉장고를 찾아 차가운 맥주 캔도 하나 땄다.

 귀국하는 비행기에 자리를 잡고서야 겨우 가슴을 쓸어내렸다. 자정을 넘겨 동트는 새벽까지 우리는 하늘에 있었다. 비행기가 착륙하는 시점까지 여행은 내 것이어야 했다. 아쉬운 마음을 달래며 이어폰을 꽂았다. 익숙한 멜로디에 젖어 베트남에서의 시간을 곱씹었다.

 선해 보이는 아주머니 일행에게 내 화장실 안내를 부탁하던 남편 모습이 떠올랐다. 씨클로에 앉아 목이 쉬도록 자신의 위치를 알려 주던 배려도 생각났다. 예기치 못한 투병에 잠시나마 원망했던, 그래서 그 남자의 수고를 깜빡 잊었던 옹졸함이 부끄러웠다.

 《너와 함께한 모든 길이 좋았다》라는 제목처럼 나도 남편과 함께한 베트남 여행이 좋았다. 비록 짧은 여정에 통증과 원망이 녹아 있었더라도 우리 여행은 그 자체가 행복이었으므로.

스키와 자전거

수요일 저녁 8시 30분, 정확하게 전화벨이 울렸다.
"Hi, 성은? How are you today?"
"I am fine, thank you and you?"
"Did you do your homework? What was your topic?"
"Yes, I did. My homework was forte of my spouse."
배우자의 장점을 영어로 말하는 것이 그날 과제였다. 스피치를 준비하면서 자연스럽게 남편이 내게 선사했던 많은 순간이 스쳐 갔다. 2000년도 2월에 처음 알게 되었으니 이 남자를 만나고, 설레고, 사랑하고, 결혼하고, 아이 낳고, 서운하고, 원망하고, 다시 웃어 버린 세월이 무려 20년이었다. 서툰 영어로 말했다. 내 남편은 내게 넓은 세상을 보여 주었다고, 못 말리는 유머로 나를 웃게 해 준다고. 코로나19 사태로 개학이 3주 연기되었다. 홈스쿨링 하는 기분으로 유주에게 연산과 독서를 지도하면서 오전 시간을 보냈다.

미세먼지 상태를 살핀 남편이 유주에게 자전거 연습을 제안했다. 무슨 생각이 있었는지 남편은 유주에게 엄마 자전거 잘 탄다고, 나가서 한번 보라고 큰소리를 쳤다. 유주는 제 자전거를 끌며 앞서가고, 남편은 자전거를 끌며 한쪽 팔로는 나를 안내했다. 평일 낮이라서 그런지 이웃 초등학교 운동장이 텅 비어 있었다. 두 발 자전거에 이제 막 도전하는 유주였지만 금세 균형을 잡고 페달을 밟았다. 유주가 감을 잡자 남편은 기다렸다는 듯이 내게 자기 자전거를 넘겨주었다. 아무도 없으니 그냥 마음 놓고 타라고 했다. 안장 높이를 낮추는데도 잔뜩 긴장되었다.

실명하기 전 동생 혜은이를 태우고 비호처럼 달렸던 실력은 온데간데없었다. 온몸이 경직되어 균형은커녕 핸들이 위태롭게 흔들렸다. 남편이 방향을 일러 주었지만 팔이 뻐근하도록 두 손에는 힘이 들어갔다. 자전거에 속도가 붙으면 오히려 겁이 났다. 10분도 안 되어 포기를 선언하는 내게 남편이 말했다.

"유주 뒤에 한 번 안 태워줄 거야? 괜찮으니까 계속 타 봐."

다시 자전거에 올라탔다. 30분가량 페달을 밟고 나니까 몸에 경직이 조금씩 풀렸다. 유주가 경주를 청했다. 커브 연습을 하던 녀석도 제법 긴장이 풀린 것 같았다. 아빠는 가운데서 뛰고, 엄마랑 딸은 양편에서 자전거를 달렸다.

"엄마 뒤에 타 봐. 아빠가 사진 찍어줄게."

머뭇거리던 유주가 내 자전거 뒷자리에 올라탔다. 딸아이를 태우니 감회가 새로웠지만, 여유는 없었다. 아이를 다치게 하지나 않을까 하는 염려로 몸은 다시 굳었고, 근육이 경직되는 속도만큼 자전거는 빠르게 비틀거렸다. 얼마 못 가서 아이를 내려놓았다. 짧은 영상은 꿈같은 순간을 생생하게 저장했다.

대학 1학년 때 나는 보강 휘닉스파크에서 진행된 장애인 스키 캠프에 참가한 일이 있었다. 당시 한국장애인복지진흥회 회장이었던 삼성그룹 고 이건희 씨 지원으로 개최된 행사였다. 눈길에서 미끄러지는 스키 감촉에 매료되어 겁도 없이 중급자 코스에 올라갔고, 신나게 탔다.

용인대를 비롯한 한국체육대학교 특수체육과 재학생들이 자원봉사자로 나서서 개인 레슨을 해주었다. 1대 1로 매칭된 봉사자들이 짝꿍 장애인 뒤에 바짝 붙어 육성으로 일일이 방향을 일러주었다. 봉사자 목소리가 보드 소리에 묻힐 때면 몇 초 안 되는 그 순간이 천년처럼 느껴졌다. 하반신이 불편한 지체장애인들이 앉아서 타는 바이 스키라는 것도 그때 처음 알았다.

스키를 타고서 배짱 좋게 슬로프를 가르던 스무 살 여대생은 두 발 자전거에 걸터앉아 주춤거리는 중년이 되어 있었다. 추운 줄도 몰랐던 그 겨울 스키장 안에 경쾌하게 울려 퍼지던 코요테 〈순정〉 소리가 기억 저편에서 아련히 들려오는 듯했다.

'어떻게 스키를 탔을까? 평지에서 자전거 타는 것도 이렇게 무서운데….'

20년 사이 내 안에는 두려움만 무성하게 자라나 있었다. 결단력도 도전 의식도 숨죽은 야채처럼 물컹거렸다. 퉁퉁한 아줌마는 두 발 자전거에 앉아 쩔쩔맸다.

스키를 탔던 스무 살 때나 자전거에 앉아 있는 지금이나 눈이 안 보이는 것은 매한가지이건만, 어쩌다가 나는 이토록 무력한 겁쟁이가 되고 말았을까?

내가 잠깐 이런 생각을 하는 사이에도 남편은 모녀의 뒤를 봐주느라 분주했다. 그의 집요한 권유가 아니었다면 나는 자전거에 앉아볼 엄두도, 형편없이 위축되어 버린 내 모습도 알아차리지 못했으리라. 관성에 떠밀려 아무 문제의식 없이 유순한 껍데기로 살았을지 모르겠다.

때로는 천적같이 나를 몰아세우지만, 그로 인해 내가 체감하는 세상은 퍽 극적이다. 곁에서 뛰어주는 남편을 믿고 기운차게 페달을 밟았다. 시원한 바람이 내 허파에 신선한 산소를 불어 넣었다.

3일 만에 100km 클리어

오른발을 페달에 올리고 출발했다. 남편 구령에 따라 오르막을 올랐고, 바이킹 타는 기분으로 내리막을 달렸다. 땅에서는 뜨거운 김이 솟았고, 이마에서는 구슬땀이 흘렀다. 긴장이 풀리지 않은 몸은 뻣뻣했고 남편이 기어를 바꿀 때마다 외마디 비명이 터졌다. 텐덤 바이크를 사기로 마음먹었지만, 예행연습이 필요했다. 여섯 살 혜은이를 자전거에 태우고 온 동네를 누볐던 유년 시절을 생각하며 남편 뒷자리에 올라탔다. 시원한 라이딩은 꿈같았고, 달리면서 맞는 바람은 해방감 그 자체였다. 중독될 것 같았다. 세 시간 라이딩도 거뜬했다. 8월 한낮이었지만 자전거를 타고 맞는 바람은 상쾌했다. 첫날은 가볍게 20km를 달렸다. 외출복 차림으로 몸은 무거웠고 다리가 욱신거렸다. 익산에서 춘포, 삼례를 거쳐 전주까지 이어지는 자전거 도로였다. 쇠똥 냄새를 지나 고춧가루 냄새가 날아왔다. 개 짖는 소리며 닭 우는 소리도 들렸다. 한적한 시골 마을에 잘 닦여진 자전거 도로를 내가 달리고 있었다.

남편이 즐겨 찾는 코스라고 했다. 스마트워치는 명석하게도 우리의 이동 거리, 주행 속도, 쉬는 시간을 정확하게 표시했다. 정자에 앉아서 마시는 생수는 차갑지도 않았건만 다디달았다.

두 번째 날에는 전투태세로 옷과 모자를 갖춰 입었다. 선크림을 바르고 머리를 질끈 동여맸다. 잔 머리카락이 날리지 않도록 머리띠까지 주머니에 넣고 집을 나섰다. 35km가 목표였다. 마음먹고 나선 걸음인지라 몸놀림이 한결 가벼웠다. 앞에서 핸들을 잡고 힘차게 페달을 밟는 남편과의 호흡도 척척 맞았다. 삼례를 지나 다리 밑에서 잠시 쉬었다. 지하 공기처럼 서늘한 바람이 그렇게 시원할 수 없었다. 다리 밑은 에어컨이 필요 없는 실속형 피서 명소였다. 세 시간 남짓 신나게 달렸다. 더워도 좋았고 무릎이 아파도 괜찮았다. 2인용 자전거로 장거리 라이딩을 처음 하는 남편도 이튿날이 되자 핸들과 기어 조작에 감을 잡았다고 했다. 돌아오는 길에는 라이딩하면서 생수를 마시는 여유까지 부릴 수 있었다. 남편이 근무했던 동익산역에 자전거를 보관해 놓고 집까지 걷는 길이 길고도 멀었다. 자동차가 얼마나 편리한 교통수단인지 새삼 절감했다. 집에 들어와 개운하게 샤워하고 침대에 누웠다. 꼼짝하기 싫었다. 다리가 욱신거렸지만, 기분은 더없이 좋았다. 저녁 식사로 주문한 돼지 족발도 먹는 둥 마는 둥, 눕고만 싶었다.

　세 번째 라이딩은 물처럼 흘렀다. 남편도 나도 최상의 컨디션으로 굴렸고, 실컷 달리다 보니 전주 송천동이었다. 근처 편의점에 들어가 차가운 커피를 달게 마셨다. 속력이 붙어도 무섭지 않았고 내리막에서는 거침없이 환호했다. 익산에서 전주까지 왕복했는데도 전혀 힘들지 않았다. 오히려 몸이 가벼웠고 마음의 묵은 때를 박박 밀어낸 것 같은 개운함이 퍽 즐거웠다. 야외 라이딩은 집안에서 하는 운동과는 차원이 달랐다. 그야말로 살아 있는 느낌이었고 비로소 진짜 운동을 한 듯했다. 내가 '홈런'이라고 이름 붙인 러닝머신이나 다이어트 자전거 덕택에 평소 답답할 때마다 스트레스를 해소할 수 있었음에도 야외 라이딩의 맛을 알고 나니까 집 안의 운동 기구들이 뭔가 싱겁게 느껴졌다.

　서울에 있는 시각장애인복지관에서 주말마다 텐덤 바이크 교실 프로그램을 진행한다는 공지를 구경만 했다. 어린아이가 진열장 안에 먹음직스러운 사탕을 뚫어져라 바라보듯 군침만 꿀꺽꿀꺽 삼켰다. 다채로운 문화생활과 여가활동이 가능한 서울시 복지 서비스가 훔치고 싶도록 부러웠다. 그토록 원했던 라이딩이었다. 남편과 함께하니 마음마저 편안했다. 부부가 공유할 수 있는 취미를 비로소 발견한 것 같아 반갑고 기뻤다. 친정 가족 카톡방에 실시간으로 우리 부부 라이딩 사진이 올라갔다. 영원한 지원군 동생들이 응원해주었고, 두 사람 다 표정이 완전 저세상이라며 놀리기도 했다.

출장과 연수, 근무가 난무하는 짧은 방학이었다.

24일 월요일 개학을 앞두고 주일 오후에 네 번째 라이딩을 나갔다. 소나기 예보가 있었지만 그렇게 갑자기 쏟아질 줄은 미처 몰랐다. 동익산역에서 출발하고 5분도 안 되어 세찬 비가 쏟아졌다. 비를 맞으며 달리다가 겨우 정자에 내려 몸을 숨겼다. 비 맞으며 자전거 타는 것도, 비를 피하며 쉼터에 앉아 있는 것도 나로서는 신바람 나는 첫 경험이었다. 분명 푹푹 찌던 날씨였는데 비를 맞으니 금세 온몸이 오들오들 떨렸다. 10분 가까이 비가 그치기를 기다려봤지만 빗줄기는, 태평하게도 점점 굵어졌다. 어쩔 수 없이 다시 빗속으로 나가 흠뻑 젖은 자전거 위에 올랐다. 페달을 밟으니 거짓말같이 위아랫니가 딱딱 부딪히게 추웠다. 비장하게 갖춰 입은 라이딩 복장이 무색하게 부부는 맥없이 후퇴했다. 철철이 내 운동복 사기를 좋아하는 남편이 어제 또 기능성 티셔츠를 두 개나 건넸다. 다이얼이 돌아가는 아이보리색 운동화도 내 발에 딱 맞았다. 그간 남편이 사다 준 운동복이 장롱 한 칸을 다 채웠다. 내가 운동하기를 염원하는 남편의 바람이 소비로 표현되는 걸까?

운동이야말로 인간의 육체뿐 아니라 정신 건강을 지키고 관리하는데 탁월한 처방임이 틀림없다. 신체 근육이 단련되면 마음은 덩달아 단단해진다. 집중해서 글을 쓰고 나면 커피믹스가 뜨거운 물에 항복하듯 가슴에 맺힌 응어리도 녹아서 풀어진다. 마음의 근육은 글쓰기로, 몸의 근육은 운동으로 다져 가리라. 꾸준하게 운동 컨디션을 유지하는 날에는 마음이 날렵하다. 우울의 늪에 빠지지도 않고 유쾌하게 웃어버릴 수 있다. 하지만 만사가 귀찮고 게을러지는 날에는 내가 게을러질 수밖에 없었다는 변명과 합리화를 반복하며 제일 먼저 나 자신을 속인다. 피해 의식, 자격지심, 신세 한탄 따위는 진흙투성이 펄과 같다. 낙지 빨판처럼 집요하게 들러붙어서 좀처럼 떨어지지 않는다. 첫 번째 라이딩보다 두 번째가, 두 번째보다는 세 번째가 수월했다.

  집에서 혼자 꾸준히 걷고 다이어트 바이크 페달을 굴린 덕택에 기초 체력이 다져질 수 있었다. 라이딩도 글쓰기도 지구력이 필요하다. 느림보 거북이 잔꾀 부리는 토끼를 너끈히 이겨내지 않던가? 천천히 그리고 꾸준히 연마하리라. 체력도 필력도 내공이 필수다. 정성과 시간에 정비례하여 쌓여가는 노련함은 순전히 의지의 영역이다. '클리어'라는 단어가 주는 명쾌함이 좋다. 깨끗한 '끝'은 그다음 단계 혹은 세계로 나를 밀어주므로. 일상 속 작은 클리어를 사랑해야겠다. 영어 회화 숙제를 하지 못해서 수업을 미루고 싶다가도 얼른 교재를 펼치고 숙어를 외우는 것처럼, 그리하여 20분간의 전화 회화 수업이 깔끔한 기분으로 마무리되는 것처럼 소소한 선택에 성의를 담아봐야겠다. 러닝머신에 올라갈까 말까, 더운 여름밤 시원한 맥주를 마실까 말까 치열하게 갈등하는 유혹의 순간들을 건강하게 클리어해 보자. 한 번보다는 두 번이, 두 번보다는 세 번째가 더 수월하다.

한여름에 파이어 아트를

 8월의 첫날을 부산 해운대에서 맞았다. 가족 티셔츠를 맞춰 입었다. 튜브와 구명조끼를 바리바리 차에 싣고 먼 길을 나섰다. 셋이서 초성 게임, 끝말잇기를 한바탕 한 다음 노래 배틀을 시작했다. 블루투스 스피커로 각자 좋아하는 노래를 틀어 놓고 신바람 나게 불렀다. 이동 노래방이 된 우리 차는 기운차게 대전 통영 간 고속도로를 달렸다.
 숙소에 짐을 풀고 바닷가에 나갔다. 간단하게 준비 운동을 했지만 내 몸은 뻣뻣했고 유주도 슬금슬금 뒷걸음질쳤다. 남편이 먼저 바다로 들어갔다. 온몸을 적시고 모녀를 공격했다. 생각보다 물이 찼다. 시원했지만 높은 파도가 무서웠다. 유아들이 노는 파도 끝자락에 앉아 천천히 물에 적응했다. 조금씩 안으로 진입했다.

작년과 다르게 유주는 내 등에 올라타지 않았다. 모래 놀이를 졸랐고, 선뜻 바닷물에 뛰어들지 않았다. 물속에 잠깐 들어갔다 나오면 약간의 한기가 느껴졌다.

공들여 모래성을 쌓았다. 유주는 내가 애써 쌓은 모래성을 한 발로 뭉개며 너무 즐거워했다. 세 시간 남짓 바닷가에서 놀았다. 숙소에 들어와서 래시가드를 정리하고 샤워하니 온몸이 나른했다.

전북 익산에서 부산까지 혼자 운전하고 앞 못 보는 아내와 딸 유주를 밀착 인솔했던 남편은 얼마나 피곤했을까? 유주가 좋아하는 치킨을 주문했다. 배불리 먹고 나니 숙소에만 있기가 답답해졌다. 소화도 시킬 겸 산책하러 나갔다.

한여름 밤 해운대 바닷가 공기는 끈적끈적했고 통행로는 붐볐다. 모래사장 한쪽에서는 라이브 무대가 펼쳐지고 있었다. 꾀꼬리 같은 목소리로 멋들어지게 노래 부르는 언니와 오빠들을 유주는 넋 놓고 구경했다. 손뼉을 치며 몇 발짝 걸었다. 후텁지근한 공기에 금세 땀방울이 맺혔다. 인파가 몰려 있는 모래사장 복판에서 잔뜩 쉰 사내 목소리가 들려왔다. '맙소사!' '파이어 아트'라고 했다. 뜨거운 불을 가지고 아슬아슬하게 묘기를 부렸다. 얼굴 바로 앞까지 불꽃을 댔다가 그것을 마구 돌리기도 하며 보는 이들의 심장을 졸깃하게 만들었다. 유주와 남편도 감탄을 연발하며 그 남자 몸짓에 시선을 모았다. 나는 대강 설명만 듣는데도 빨리 그 자리를 뜨고 싶은 마음이 되었다. 왜 굳이 이 더운 여름에 뜨거운 불을 가지고 폭포 같은 땀을 흘리며 저 고생을 하고 있을까? 다 쉬어 버린 목소리로 고래고래 소리치며 기름과 불 냄새를 피우는 저 남자는 과연 어떤 연유로 이 일을 하게 되었을까?

　20분가량 그의 공연이 이어졌다. 사람들은 외마디 비명을 지르기도 하고 앞으로 뛰어나가서 현금통에 지폐를 넣기도 하며 화기애애했다. 유튜브 영상을 홍보했고 후진도 양성한다고 했다. '후진이라니…'

　이번에는 20대 젊은 청년이 쇠사슬을 가지고 나와서 자기 몸을 묶어 달라고 청했다. 관객 중 덩치가 좋은 형님들을 둘 선별하더니 체력을 테스트하겠다며 팔 굽혀 펴기를 주문했다. 익살스럽게 사슬을 풀어낸 청년도 파이어 아트를 선보였다. 믿거나 말거나 본인은 한국항공대학을 우수한 성적으로 졸업했단다. 사람들 앞에서 공연하는 것이 너무 행복해서 이 일을 그만둘 수 없다고 했다. 젊은이답게 공연이 끝나면 돈 주시라고 호쾌하게 돌직구를 날렸다. 불 냄새가 났고, 외마디 비명이 터졌다. 유주에게 보여주기가 불편해서 빨리 자리를 뜨고 싶었지만 많은 꼬마가 홀린 듯 그 청년을 바라보고 있었다. 뜨거운 불로 거의 자해에 가까운 쇼를 하는 그들에게 나는 섣부른 연민을 느꼈다. 앞 못 보는 내 사정을 알면 오히려 그들이 나를 측은히 여길지 모를 일이지만 한여름 불놀이를 택한 그들의 동기를 나로서는 쉽게 납득하기 어려웠다. 이튿날에는 한결 유연해진 몸으로 파도를 탈 수 있었다. 땅에 발이 닿지 않으면 내 몸이 앞으로 가는지 뒤로 가는지 알 수 없어 패닉 상태가 되고 말았다. 비록 유아 수준의 물놀이였지만 짠물을 먹으며 모래를 만지며 파도 소리를 들으며 날것의 여름을 체감했다.

 1년 사이 내 등에 태우기엔 부쩍 커버린 유주 손을 잡고 조금씩 바다로 들어갔다. 중심을 잡고 서 있기도 힘들 만큼 거센 파도에 겁을 먹고 냉큼 도망쳐 나왔다. 바다 안쪽에서 남편이 우리를 재촉했지만 유주와 나는 허리도 채 안 닿는 깊이에서 소심하게 놀았다.

 개학이 코앞에 다가왔다. 다급한 마음으로 세 식구는 변산 워터파크에 도전했다.

 여자 탈의실은 친절한 도우미 이모 안내를 받아 통과했다. 바닷가와는 색다른 재미가 넘치는 워터파크에서 유주는 날개를 달았다. 워터 슬라이드를 열 번 넘게 탔어도 모자란다고 했다. 실외 파도 풀에도 서슴없이 들어가 잠수를 선보이는가 하면 배영을 한다며 "엄마 나 만져봐." 했다. 풀장 사이를 오갈 때면 유주가 내 손을 꼭 잡고 계단을 일러 주었다. "엄마 조금 불편해도 나랑 같이 노니까 좋지?"

 코끝이 시큰했다. 어린 유주를 챙길 남편 수고를 짐작해서 그간 워터파크 나들이는 따라나서지 않았다. 아홉 살이 된 유주가 나를 챙겨주고 있었다. 부족한 엄마라서 미안한 마음에 감사꽃이 피었다. 우리 모녀를 워터 슬라이드에 태우면서 남편이 흡족하게 웃었다. 워터파크를 갈 때마다 함께하지 못해서 불편했던 마음의 체증이 개운하게 내려갔다고 했다.

처서가 되었다. 한밤에는 이불을 덮어야 할 만큼 기온이 떨어졌다. 황금 들판을 여물게 하는 뙤약볕 아래 가을이 몸을 푼다. 구슬땀으로 얼룩진 한여름의 초상이 색색의 빛깔로 저물어 간다.

너에게 가을을 보낸다

 바쁜 화요일이었다. 퇴근 전까지 내일이 휴일이라는 사실을 실감하지 못했다. 서류 작업을 마치고 학교를 나섰다. 영화라도 한 편 보고 싶은 저녁이었다. 〈가장 보통의 연애〉 기사 영향이었을까? 마땅히 불러낼 친구도, 시간도 없었다.
 산들바람이 불어오는 가을이면 영락없이 안내견 강산이와의 산책을 그렸다. 막막하고 척박했던 사회 초년 시절, 하루의 피로를 산책으로 풀었다. 강산이는 무시로 나와 걸었다. 머리가 아플 때나 가슴이 답답할 때는 밤이고 낮이고 밖으로 나가서 찬바람을 맞으며 한바탕 걸었다. 그러고 나면 속이 좀 시원했던가?
 강산이를 보낸 후에 혼자 산책은 '그림의 떡'이 되었다. 기분 좋은 가을도 내 것이 되지 않았다. 산책길이 막히고 몸에는 군살이 붙었다. 결혼, 임신, 출산 과정을 거치며 내 행동반경은 더 좁아졌다. 학교와 집을 시계추처럼 오갔다. 유주가 내 삶의 이유였다.

남편이 두 번째 제주 혼행을 계획했다. 숙박도 하루 늘려 이번에는 3박 일정이었다. 가족 여행을 필두로 유주를 데리고, 시부모님을 모시고, 혼자서, 1년 사이 제주를 세 번이나 다녀온 남자는 호시탐탐 기회를 노렸다.

남편의 휴대폰에서 〈제주도 푸른 밤〉이 흘러나온다. 마음 맞는 동료들과 어울리며 얼굴에 생기를 되찾은 중년 남자를 지켜보면서 내 마음이 복잡해졌다. 젊은 직원들과 어울려 바닷가에서 1박을 하고, 함박웃음으로 찍은 사진을 카톡 프로필에 올리며 너무 행복해하는 그가 야속했다. 그 모임의 성격을 의심하거나 매도할 마음은 없었다. 다만 허허로운 내 가을이 아프고 쓸쓸했다.

아내로서 남편의 혼행을 용인하기 쉽지 않았다. 서로의 존재가 완벽하게 일상이 되어 버린 탓이라고 생각했다. 한편 시각장애인으로서는 사정이 조금 달랐다. 두 발에 족쇄를 차고 사는 내 고통은 어디까지나 내 몫이라는 자각이 새삼스러웠다. 시냇물처럼 투명하게 자신의 속내를 다 내비치고 마는 남자의 들뜬 음성이 달갑지 않았다. 가슴에 혼행을 묻고 살아가는 내 앞에서 호들갑 떨지 말라고 소리라도 치고 싶었다. 나를 지키고 싶어서, 그의 기분을 망치고 싶지 않아서 참았다.

한글날에는 친정어머니와 동네 찜질방에 다녀왔다. 뜨거운 움막에 앉아서 물을 마시며 땀을 뺐다. 유주가 학교 앞 놀이터로 마실을 나갔고, 오가는 길을 남편이 동행했다. 아침에 퇴근해서 잠깐 눈 붙이고, 오후에는 유주 매니저 노릇을 한 남편이 6시에 축구를 하러 가겠다고 했다. 점심을 햄버거로 때운 부녀에게 빨리 밥을 지어줘야 한다는 일념으로 바쁘게 장을 봐서 집에 들어왔다. 유주가 친구와 물감 놀이를 하고 있었다. 부엌으로 직행해서 쌀을 씻고 밥을 안쳤다. 남편이 저녁밥을 먹고 나갈 시간이 확보되었다. 그제야 안도의 한숨이 나왔다. 내가 점심을 거른 것은 중요하지 않았다. 결코, 내 것이 될 수 없는 10월의 자유라서, 혼자만의 여행이라서 배가 아팠지만, 깔끔하게 보내기로 마음먹었다.

현장이료* 전문가 초청 강사로 졸업생이 본교를 방문했다. 강의 진행은 안마사로 생업에 종사하고 있는 시각장애인 몫이었으나 그의 배우자와 딸이 동행한 자리였다. 행사 진행 도우미와 기사 노릇을 기꺼이 자처하며 즐겁게 웃고 있는 그들에게서 끈끈한 가족애가 느껴졌다. 장애인 가족은 장애인 당사자와는 다른 색깔의 고충을 숙명처럼 안고 산다. 크고 작은 희생과 헌신으로 점철된 그들 삶의 중심에는 어김없이 장애인이 있음으로 가족 구성원의 말 못 할 사연은 켜켜이 가슴앓이로 쌓인다. 묵은 통증으로 목에 가시 같은 불편에

---

* 이료(理療): 시각장애인이 행하는 의료유사업의 수단으로 안마, 마사지, 지압 등의 수기요법과 전기 기구 사용 및 기타의 자극요법으로 인체에 물리적 시술을 행하여 각종 질병을 치료하고 피로를 제거하여 건강 증진을 꾀하는 기술.

익숙해지는 편이 차라리 돌파구일지 모를 그들의 외로움을 과연 무엇으로 보상할 수 있을까?

　고래는 바닷물이 짠 줄 모른다는 문장을 보고 내 동생들이 떠올랐다. 앞 못 보는 언니가 무조건 선택의 기준이요, 중심이어야 했던 착한 녀석들에게 내 장애는 가혹한 짠물이었을지 모른다. 하물며 다 큰 성인이 되어 나와 인연을 맺은 남편의 고충은 말해 무엇하랴.

　청명한 가을이다. 남편은 제주에서 무슨 생각을 하고 있을까? 그의 눈길이 닿는 제주 곳곳이 아름다웠으면 좋겠다. 완벽한 자유, 방해받지 않는 그곳에서 넉넉히 즐겁기를 바란다.

괌에서 온 편지

내 여권에 세 번째 도장을 찍었어. 이곳은 괌이란다. 미국령이고 스페인 사람들에게 지배받은 역사가 있으며 차모로 원주민들이 사는 곳, 괌은 지금이 겨울이라고 하는데도 우리나라 여름 기온이구나. 무안 공항에 겨울옷을 모두 남겨 두고 가벼운 반소매차림으로 괌에 닿았어. 한 학기가 넘도록 전화 영어 회화 공부를 열심히 했건만 외국인들과 대화를 하려니 가슴만 두근두근, 혀가 굳어 버리지 뭐니? 입국 심사를 받는데 우리 부부 보고 허니문이냐고 묻더라. 웃으면서 아니라고 대답했어. 생각해 보니 결혼한 지 12년 차가 되더라고. 거의 부부들이 허니문이라서 물어봤다는 짧은 대화를 나누었어. 비행기에서부터 가족 단위 여행객들로 붐볐거든. 마음으로만 안고 온 유주가 또 아프게 꿈틀거렸어. 초행인 데다가 남편이 나와 아이를 함께 인솔하기가 만만치 않을 것 같아서 이번에는 답사 겸 우리 부부만 나온 참이었어.

　사방이 에메랄드빛 바다고 해수면 아래가 훤히 다 보인다고 했어. 남편이 환호하며 주변 풍광을 설명해 줬지만, 솔직히 실감이 나지는 않더라. 내 피부로 감촉할 수 있는 바람이 괌산이라는 사실에 집중했어. 그곳의 냄새와 소리를 더 많이 감각하고 싶어 귀를 쫑긋 세워 봤지. 놀라운 것은 온통 한국말이 들려왔다는 거야. 어디를 가나 한국 사람들만 있는 것 같았어.

　스페인 광장, 솔레다드 요새 등지에서 사진을 찍는 이들이 하나같이 우리말 목소리더라고. 마이크로네시아 몰과 T갤러리아 등 쇼핑몰에서도 마찬가지였어. 진짜 우리 동네 대형마트인 줄 알았다니까. Tarjar 워터파크는 또 어떻고? 이곳에도 한국인 가족들이 넘쳐났는데, 그나마 여기서는 일본어가 종종 들려왔어. 어린아이들이 일어로, 영어로 말하는 소리가 얼마나 귀엽던지. 왜 우리나라 꼬마들도 전라도나 경상도 사투리 쓰면 엄청 깜찍하잖아? 엄마 아빠들이 아이를 챙기고 놀아주는 모습은 국적 불문 다 똑같더라. 답사라고는 했지만 내 마음엔 유주를 데리고 오지 못한 미안함이 내내 무겁게 얹혀 있었어. 게다가 음식까지 입에 맞지 않는 거야. 그렇게 짠 두부와 샐러드는 난생처음 먹어봤단다. 섬의 기온이 높아서 염장이 필수라 했어. 버거와 피자, 스테이크라면 사족을 못 쓰는 취향이었지만, 소금이라는 복병 앞에 내 혀는 무참하게 항복을 선언하고 말았어. 우리 집 식탁에 오르던 엄마표 동치미랑 누룽지 생각만 간절했지 뭐니?

베트남에서 속앓이로 고생했던 남편이 자기는 선진국 체질이라면서 호기롭게 음식을 먹었어. 에메랄드빛 바다에 감탄하고, 거대한 쇼핑몰에 취해서 남편은 어린아이처럼 들떠 있었어. 그의 천진한 모습이 실로 오랜만이었지. 일상에 찌들어 송곳인 듯 전쟁같이 살았으니까. 여행은 뾰족한 마음을 둥글게 이완 시켜 주는 마법이었어. 이색적인 시공간이 주는 해방감이 꽤 달콤했으니까. 애써 나간 미국 땅에서 우리는 컵라면과 맥도날드 도시락으로 연명했어. ABC마트에서 햇반과 라면을 샀고 종갓집 김치도 한 단지 샀지. 그마저도 사정없이 짜더라. 흰 밥을 먹으니까 속이 좀 편해지는 것 같았어.

출국하는 비행기는 가히 어린이집 통학 차량을 방불케 하는 분위기였지. 누구도 자유롭게 웃고 소리 지르는 아이들을 탓하지 않았어. 참 신기하지? 유주를 낳기 전에는 어린아이들이 떠드는 소리를 질색했었잖니? 다른 사람 사정 같은 건 관심도 없었을 뿐더러 냉소적인 시선으로 자신을 괴롭혔었지. 유주를 키우면서 내 마음이 한 뼘쯤 넓어지고 1℃쯤 따뜻해졌다고 생각했어. 어린아이들을 바라보는 시선에도 그 아이들을 키우는 부모 고충에도 공감할 수 있게 되었으니까. 어린이들이 왁자하게 웃고 울고 말하는 소리 속에 유주가 있었어. 엄마 아빠만 휴가를 즐기겠다고 비행기 타고 날아왔는데도 씩씩하게 승단 심사 준비하며 밝게 웃어주는 유주가 사무쳤어. 그래서 컨디션이 저조했을까? 앞으로는 절대 유주 빼고 여행하지 않겠다고 다짐했어. 어떤 이유에서든 유주는 양보하지 않으려고.

 남편 덕분에 괌을 체감했어. 에메랄드빛 바다를 두 눈에 담지는 못했어도, 단박에 뛰어들고 싶게 포근해 보이는 흰 구름을 하늘 위에서 내려다보지는 못했어도 그곳의 바람, 소리, 짠맛을 기억할 거야.

 남편이 멋진 해변을 배경으로 내 뒷모습을 찍어줬어. 요즘 사진 찍는 트렌드라며 손도 올려 보라고 하고 주문이 많으시더구먼. 어색하게 피사체가 되었는데, 그 사진을 친정 가족 카톡방에 올린 거야. 동생들이 나보고 해변의 여인이라며 신속한 댓글을 달아 주었지. 한 컷 사진으로도 괌의 바다와 하늘빛이 예뻐 보인다고 했어. 그곳에 직접 다녀왔어도 나는 알 수 없는 그림이었지만, 사진 속 해변의 여인은 행복한 사람이었어.

 마지막 날, 건 비치 해변에 앉아 가만히 바닷소리를 들었어. 따가운 햇볕이 우리 이마를 달구었지. 빗방울이 떨어지다가도 금세 햇빛이 비치는 괌은 평화로웠어.

 서로의 사랑을 지키기 위해 연인의 머리카락을 묶어 한날한시에 목숨을 버렸다는 사랑의 절벽에서는 돌풍이 불었지. 남편과 내 머리카락을 묶고 그 절벽에서 뛰어내릴 용기가 내게 있을까 하는 의문이 뇌리를 스쳤어. 소리 없이 사과했지.

 "여보 미안해!"

남편은 두 연인이 머리카락을 묶은 이유가 혼자만 죽을까 봐 그랬을 거라면서 깔깔거렸어. 렌터카를 반납하고 출국 심사를 받았어. 장애인이라서 우대받을 수 있었지. 장애인이라서 더 오래 기다렸어야 했다면 차별이라며 예민하게 분노했을 거야. 거꾸로 우대받는 것에는 감사의 농도가 분노만큼 짙은 것 같지 않더라고. 감사를 분노처럼 해야겠다고 다짐했어. 불같은 감사는 틀림없이 내 운명을 바꿀 테니까.

이기주 저《언어의 온도》점자책이 여행을 밀도 있게 메워 주었어. 공항에서 대기하는 짧지 않은 시간이 독서로 갈무리되었지. 4시간이 넘는 비행도 점자책 덕분에 지루하지 않았어. 남편도 태블릿에 코를 박고 영화 감상을 즐겼지. 비좁은 비행기 좌석에서 겨울옷을 덧입었어. 무안에 내리니까 춥다는 말이 절로 나오더라. 약 다섯 시간 만에 여름과 겨울을 오간 거야. 유주와 통화하며 차를 달렸어. 치킨을 한 마리 포장해서 9시가 넘어 집에 도착했지.

유주가 식탁 위에 엄마 아빠 좋아하는 간식을 차려 놓고 우리를 맞아 주었어. 1주일 동안 꼬박 손녀딸 매니저 노릇을 해 주신 친정어머니도 밝은 웃음으로 반겨주셨지.

"성은아, 넌 참 행복한 사람이로구나. 불같은 감사 잊지 말고 유주 웃음이 있는 일상으로 다시 힘차게 복귀하는 거야. 누구라고 세상살이가 녹록하지 않은 사람 있겠니? 눈을 떴든 감았든, 돈이 많든 아니든 사는 건 오롯이 각자 의지에 달린 거라고 난 생각해. 행복할 의지가 있느냐 없느냐에 따라 선택하는 거라고. 성은아, 우리 행복해지자. 실컷 사랑하고 많이 웃고, 필요 이상 해석하지 않으면 의외로 간단할 수 있을지 몰라. 너의 유연성 단련에 이번 여행이 도움이 되었길 바라. 응원할게. 불같은 감사 약속할게. 건강 하렴."

제2부

아프도록 소중한

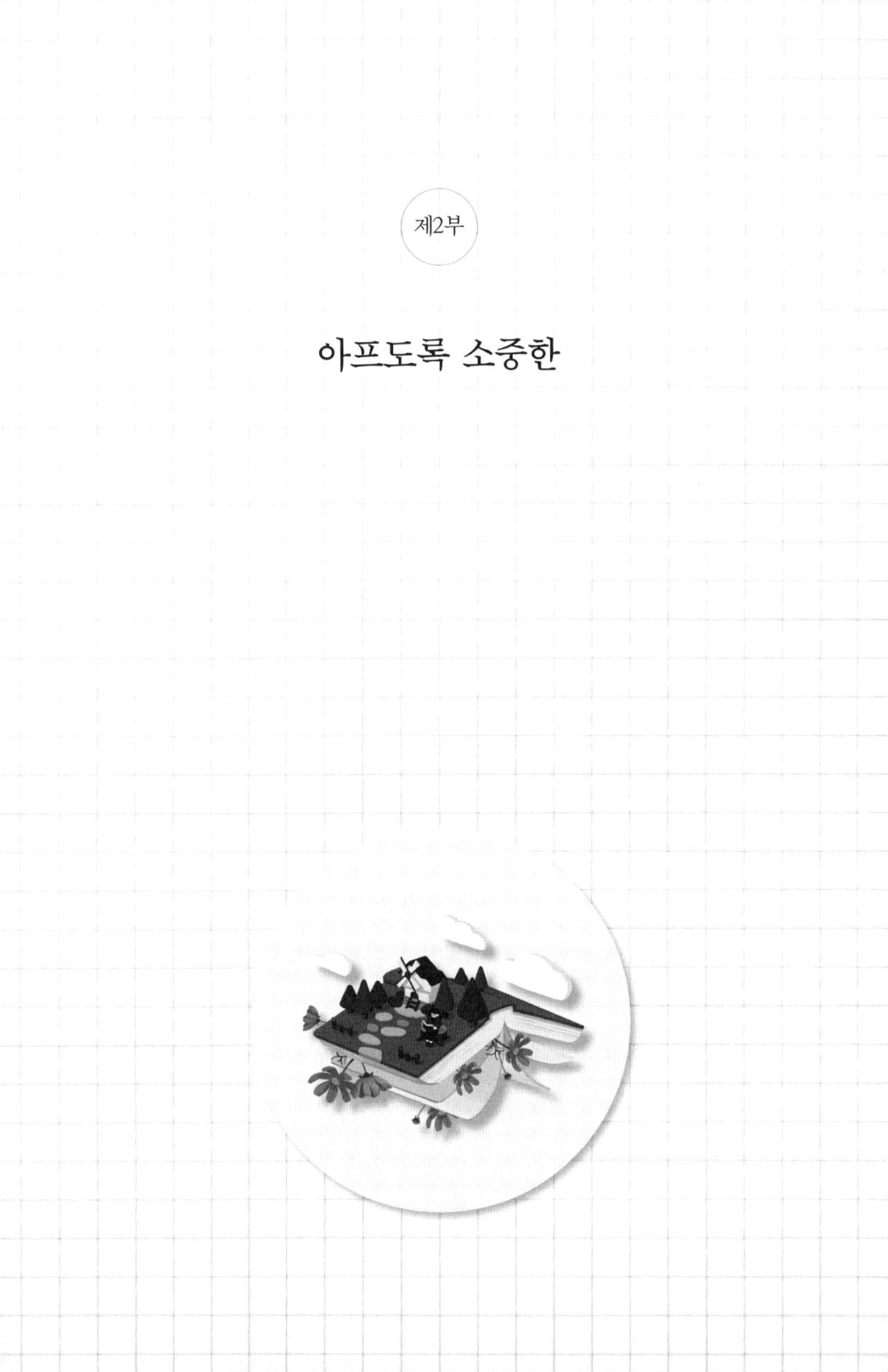

엄마의 바다

고 정채봉 작가의 「엄마가 휴가를 나온다면」이라는 시詩를 들었다. 울컥 눈물이 솟았다. "가장 억울했던 일을 일러바치고, 엉엉 울겠다."는 문구가 가슴을 때렸다. 내가 두 눈을 잃고도 온전히 숨쉴 수 있었던 것은 엄마 그늘 덕분이었다. 감히 짐작할 수 있으랴. 내 어머니가 고독하게 직면했던 그 컴컴한 바다를, 짜디짠 눈물을….

2017학년도, J 근로지원인을 만났다. 새 파트너를 만나게 될 때마다 설렘 반 걱정 반으로 기능적 업무 능력에 촉각을 곤두세우게 된다. 학교 문서는 정확성이 생명이다. 오·탈자는 물론, 줄 간격이며 여백 하나까지 여간 까다롭지 않다. 웬만큼 꼼꼼하지 않으면 완벽하다 호언장담했던 문서라도 지적사항 적힌 포스트잇이 맥없이 돌아오기 십상이다. 서로 민망한 낭패를 방지하기 위해 서식에 충실한 문서 작성에 공을 들이지만 최종적으로 표를 다듬고 여백을 조정하거나 글자체를 정리하는 작업은 지원인 손길이 필요하다.

새 파트너는 30대 중반으로 두 아이를 키우는 워킹맘이었다. 함께 일하며 그녀의 큰아이가 발달장애를 지니고 있다는 사실을 알았다. 장애아를 키우는 건강한 엄마, 건강한 아이를 키우는 장애인 엄마. 과연 어느 쪽 어깨가 더 무거울까?

직장에서 나는 고유 업무 영역을 담당한다. 근로지원인은 내가 필요로 하는 시각적인 도움을 제공할 뿐 학교에서 요구되는 전문적인 지식이나 소양을 갖지 않는다. 하지만 엄마로서는? 기동력과 정보력 측면에서 언감생심 눈 감은 내가 명함을 내밀 수 있으랴. 갖가지 과일을 청으로 담갔다가 탄산수와 섞어 에이드를 만들어 먹고, 직접 제과 제빵 자격증을 취득하여 자녀들에게 영양 간식을 만들어 주고, 수영이다 학습지다 시간에 쫓기며 아이들을 픽업하고, 학부모 모임에 부지런히 참석하는 그녀는 누가 봐도 명품 엄마다.

아기를 낳고, 지독한 열등감에 시달렸다. 장애를 절감했고 우둔한 손발이 답답했다. 유주가 돌도 되기 전, 어느 여름밤이었다. 아기랑 잠을 청하는데 모깃소리가 들렸다. 귀를 기울여 윙윙거리는 쪽으로 손을 휘둘러보아도 이놈은 잡히지 않았다. 여린 피부에 상처를 만들까 걱정된 나는, 유주 얼굴 부위를 보호하며 반바지 차림의 튼실한 다리를 쭉 뻗고 "이거나 먹어라." 했다. 내가 열 살 무렵 눈 수술을 하고 매일같이 아픈 주사를 맞을 때 주사는 내가 맞는데 왜 엄마가 눈물을 훔치는지 이해되지 않았다. 정목초등학교에 다닐 때 엄마는 시험 기간마다 나에게 작은 글씨 문제를 읽어주기 위해 학교에 걸음해야 했다.

초등학교 땐 등하굣길을, 중고교 시절엔 기숙사 청소를, 대학 공부할 땐 학자금 대출을 나 모르게 처리해 주셨던 그녀의 무거운 고뇌를 어찌 상상이나 했으랴! 어머니는 나에게 우산이요, 쿠션이셨다. 그 어떤 충격도 말끔하게 흡수해 버리는 요술 방패셨다.

라디오에서 런던 아파트 화재 사건 보도를 들었다. 고층에서 화재를 당한 주민들은 탈출도 못 한 채 아수라장 속에 큰 피해를 보았다고 했다. 불길 속에 죽어가면서도 아기만은 살려야겠다는 일념으로 어린 생명을 창밖으로 보낸 어미의 막다른 선택은 얼마나 필사적이었을까? 나는 그런 사랑을 받고 자랐다. 벼랑 끝에서 마지막 피 한 방울까지 쏟아 주시는 희생을 먹고 컸다. 그렇게 받은 사랑을 유주에게 되돌리며 어머니의 젊은 시절을 마주한다.

이제 내 차례다. 큰 산 같았던 어머니에게 나도 든든한 울타리가 되어드릴 수 있을까? 눈먼 딸 지키느라 고군분투하는 굳센 내 어머니에게, 딸만 셋 낳았다고 평생 가시방석이었던 여린 그녀에게 맏이인 내가 시원한 그늘이 되어 드리고 싶다.

나는 굽은 나무다 - 엄마의 바다(2)

외할머니께서 익산에 오셨다. 초등 저학년 때 엄마, 아빠가 부부 동반 여행을 가실 때면 할머니가 우리 세 자매를 돌봐 주셨다. 잠자리에 들 때마다 맛깔나게 들려주시던 옛날이야기가 지금도 기억난다. 며칠만 더 같이 있자 조르는 손주들에게 시골집 개밥을 주어야 한다며 한사코 서둘러서 짐을 꾸리시던 모습이 생생하다. 바쁘게 등교 준비하는 내 입에 할머니는 따끈한 밥을 반찬과 함께 넣어 주셨었다.

뜨개질 명수인 할머니께서 신생아 모자를 하루 만에 완성하셨다. '세이브 더 칠드런' 모자 뜨기 제품이었다. 유주는 수공예라면 무조건 덤비고 보는 내 취향을 닮았다. 색종이 접기며 뜨개질이며 묻지도 따지지도 않는다. 습관적으로 접는 종이 거북은 유주 1학년 때

전수한 터였다. 대바늘 뜨개질에 흥미가 있었지만 겨우 목도리 하나를 떠 본 실력이었다. 도움을 받아서라도 유주에게 가르쳐 주고 싶었다. 때마침 증조할머니가 거짓말처럼 솜씨를 뽐내신 거다.

 퇴근하고 집에 들어서는 내 손에 유주가 요란하게 털모자를 건네주었다. 앙증맞은 모자 꼭대기에 수술까지 달려 있었다. 너무 사랑스러워서 훌쩍 커버린 유주 머리에라도 씌워보고 싶은 충동이 일었다.

 내가 유치원에 다닐 때 엄마는 조끼며 스웨터를 손수 떠서 입혀 주셨다. 소매를 몇 번 접어 입다가 팔이 길어질수록 한 칸씩 펴나갔다. 엄마는 지점토로 텔레비전 받침대며 화장실 문패를 익살스럽게 만들어 붙였다. 동네 아줌마들을 모아 우리 집 거실에 공방을 열기도 했다. 장미꽃과 포도송이가 어우러지고 그 사이사이 세 자매 사진이 장식됐다. 엄마의 작품들은 온 집안을 밝게 물들였다. 눈먼 딸 걱정하느라 평생 마음속에 돌덩이 하나 얹고 사는 친정어머니도 외할머니께는 애틋한 딸이었다. 바쁘게 유주와 내 아침 식탁을 챙기는 친정어머니 식사를 외할머니가 염려하고 계셨다.

 딸아이는 1학년부터 집 앞 태권도 도장에 다닌다. 학교 친구들이며 이웃 동생들과 두루두루 친한 유주는 종종 우리 아파트 같은 라인 7층에 사는 소희를 데리고 집에 왔다. 둘은 서로의 집을 오가며 밥도 먹고 놀이터에도 갔다. 소희도 엄마가 일을 한다고 했다. 유주와 비슷하게 할머니가 돌봐 주고 계셔서인지 친근한 느낌이었다. 우리 집에서 도란거리며 노는 녀석들에게 주먹밥을 만들어 주기도 하고 과일을 깎아 주기도 했다. 내 공간이었으므로 딱히 불편할 건 없었다.

며칠 전 퇴근길이었다. 지하에서 엘리베이터를 타고 올라가는데 1층에서 누군가 탔다. 반사적으로 "안녕하세요?" 했는데, 대답이 없었다. 어딘가 상대방이 멈칫하는 느낌이 들었다. 그런데 엘리베이터가 7층에 멈추는 게 아닌가! 목소리가 들리지 않았으므로 그 사람이 성인인지, 어린이인지, 남자인지 여자인지 가늠할 수 없었다. '소희였으면 어떻게 하지? 유주 언니 엄마가 하얀 지팡이 들고 엘리베이터에서 나한테 존댓말 했다고, 어린 마음에 놀라기라도 하면 어떻게 하지?'

실명한 후 자꾸만 혼탁해지는 눈동자 때문에 의안 수술을 고심했다. 웨딩 촬영을 앞두고 신촌 세브란스 병원 전문의에게 상담도 했다. 결심이 서지 않았다. '안구 적출' 어감만으로 아주 두려웠고 말도 안 되게 부담스러운 비용도 숙제였다.

2009년 겨울, 예기치 못한 사고로 한쪽 눈이 파열되어 응급 수술을 받았다. 전신 마취 하는 길에 양안을 모두 적출하는 데 동의했다. 커가는 유주를 위해 어쩌면 잘된 일일지 모르겠다고 생각했다. 의안을 제작하고 관리 방법을 익히는 과정은 매우 어려웠다. 가족들 보살핌 덕택에 적응할 수 있었다. 외관상으로는 인상이 훨씬 좋아졌다는 반응들이었다. 무엇보다 어린이집 방문 때나 처음 만나는 아이들을 대면할 때 마음이 한결 편안했다. 병원비는 4인 가족이 하와이 여행을 다녀올 수 있는 금액이었다. 빠듯한 살림에 속이 터졌지만, 얼굴에 흉터 남기지 않고 무사히 수술받았다는 사실에 안도했다.

 안구 적출 수술을 받고 의안에 적응해 가는 동안 친정어머니는 평생 그래 오셨듯 내 뒤를 묵묵히 지켜 주셨다. 회복된 다음에야 엄마는 말씀하셨다. "흰지팡이 꼭 챙겨 다녀야 해. 그전에는 부딪혀도 사람들이 눈 보고 이해했지만, 이제는 아니니까. 요즘 사람들 무서워서 부딪히기라도 하면 해코지할까 걱정이다."

 엄마는 내 눈이 시각장애인일 때나 그렇지 않을 때나 똑같이 노심초사하고 계셨다. 유주를 위해 의안을 택하고도 엘리베이터에서 맞닥뜨린 불안과 꼭 닮은 마음이었다. 이 은혜를 어찌 다 갚을까!

 엄마가 손수 농사지어 끓여 주신 배춧국을 먹고 출근했다. 브로콜리며 알타리, 고추에 콜라비까지 도시 어르신들인데도 수확이 좋다. 다음 주에는 직접 가꾼 배추와 무로 김치를 담근다고 했다. 마트에 들러 고기랑 소주를 넉넉히 사고 아이들 간식을 골라 기분 좋은 걸음으로 퇴근하면 고춧가루 범벅으로 동생들이 나를 맞아 주리라. 부모님은 날마다 새롭게 갱신되는 내 삶의 의미가 되어 주신다. 가을 풍년 같은 감사로 그 사랑에 보답하고 싶다.

 굽은 나무가 선산 지킨다는 속담도 있지 않던가? 눈이 멀었어도 사랑할 수 있다. 운전을 못 해도 지켜낼 수 있다. 중요한 건 마음가짐이다.

붕어빵

도종환 시인의 〈꽃씨를 거두며〉라는 시를 읽었다. 사랑한다는 일은 책임진다는 일임을. 기쁨과 고통, 아름다움과 시듦, 화해로움과 쓸쓸함, 그리고 삶과 죽음까지를 책임지는 일이어야 함을….

아빠는 한국 전쟁 현장에서 출생하셨다. 9남 1녀 중 셋째 아들로 태어난 아빠는 청년 시절부터 인쇄업에 종사했다. 공장과 사무실에는 늘 달력과 연하장이 산처럼 쌓여 있었다. 우리 집에서는 손수 카드 속지를 붙이거나 화장품 라벨을 만드는 작업 판이 시시때때로 벌어졌다. 동네 아주머니들 사이에 앉아 몇 시간이고 카드 속지에 풀을 발라 붙였던 기억이 지금도 생생하다. 아빠는 이유 없이 시력이 나빠지는 딸을 위해 교과서를 확대하여 큰 책을 만들어 주셨다. 깍두기공책 줄도 찐하게 제작해 주셨다.

우리 아빠는 아들이 없다. 형제 중에서도 아빠만 딸 부자다. 게다가 맏이인 내 눈이 이유 없이 나빠지고 있었으니, 당신 속이 얼마나 탔을까! 나는 엄마보다는 아빠 유전자가 더 진하게 발현된 붕어빵이다.

아빠는 신문 중독이고, 나는 책 중독자다. 아빠는 예의 바르고, 나는 끝없이 요구하는 사람을 싫어한다. 아빠는 해산물과 곱창, 치즈를 좋아하고, 나는 해산물과 곱창, 치즈를 사랑한다. 아빠는 시적 감성이 풍부하고, 나는 수필을 창작할 때 행복하다. 이뿐인가? 단점도 닮았다.

아빠는 화가 나면 조개처럼 입을 꼭 다물어 버리고, 나는 몇 날 며칠 가슴앓이 한다. 아빠는 싸움에 재능이 없다. 나는 혼자가 되어서야 전투 현장을 복기하며 이불 킥만 날려댄다. 이쯤 되면 우리 엄마가 아빠 배우자로 사시면서 토로했던 고충이 내 남편 것과 닮은꼴일 수밖에….

대구에서 대학을 다닐 때 일이다. 주말이라 서울 집에 와서 쉬고 있는데 아빠가 슬그머니 방에 들어오시더니 아무 말씀 없이 책꽂이에 무언가를 가만히 놓고 나가시는 게 아닌가? 의아하게 아빠 기척을 살피다가 왜 그러시냐고, 뭐 두고 가셨냐고 여쭈었다. 태연한 대답은 이랬다. "응 오늘이 어린이날이잖아."

빵 터지는 웃음을 깨물며 발딱 일어나 책꽂이를 만져보니 거기에는 크래커가 한 상자 놓여 있었다. 내 나이 스무 살이 넘어 대학교에 다니던 때였으니, 그 순간 황당했던 기억이 어찌 특별하지 않으랴.

친정어머니 댁에서 닭볶음탕을 먹을 때였다. 우리 아빠 또 너무도 태연하게 다리를 하나 골라 사위가 아닌 딸에게 건네시는 거다. 여덟 살 귀염둥이 손녀도 함께 있었건만, 아빠는 자연스럽게 닭 다리를 내 밥그릇에 얹어 주셨다.

9월 9일은 친정 부모님의 40주년 결혼기념일이었다. 마침 남편과 유주가 제주 데이트를 떠나 김 씨네 식구만 모였다. 오리 구이를 먹었다. 아빠는 "여보, 40년을 살았네." 하며 허허 웃었다. 두 분 가슴에 맺힌 감정 빛은 과연 어떤 색깔일까? 숙성된 와인 같은 부모님 사랑과 세월에는 떫은맛도, 신맛도 녹아 있으리라. 모진 운명을 헤쳐오신 두 분께 큰딸은 소리 없이 존경의 박수를 보내드렸다.

열 살 유주의 밸런타인데이

　유주가 2학년을 마쳤다. 떨리는 마음으로 생활 통지표 봉투를 열었다. 흥이 많아서 율동과 노래를 잘한다고, 호기심이 많아 과제 수행 속도가 다소 느리지만, 끝까지 완수하려는 노력이 예쁜 학생이라고 씌어 있었다. 딸아이 성향을 정확하게 짚어낸 담임선생님 문장에서 1년간의 노고가 묻어났다. 20명 학생이 리듬 악기 협주를 능숙하게 뽐내던 현장이, 순서에 맞게 각자 장기를 자율적으로 발표했던 질서가 생각났다. 노란 바나나를 손에 들고 '바나나 알리지 원숭이' 춤을 췄던 유주가 열 살이 되었다.
　승단 시험을 앞두고 매일같이 두 시간 운동에 주말까지 특별 수련하는 유주는 도복이 참 잘 어울린다. 바비 인형보다는 슬라임을, 소시지 반찬보다는 구운 김치 곁들인 삼겹살을 좋아하는 유주가 태권도 숙제라며 품세 연습을 촬영했다. 혼자서 거치대에 휴대폰을 장착하고 태극 1장부터 8장까지 자못 진지했다. 이마와 등줄기에 흥건하게 땀 흘리며 완성한 동영상을 의기양양 큰사범님에게 보내달라고 했다.

2학년 2학기부터 재미로 촬영한 유튜브 영상 덕택인지 유주는 친구들과 페이스톡이며 카톡을 무리 없이 주고받는다.

한가로운 토요일 낮, 유주가 친구 솔이와 페이스톡으로 통화하는 소리가 들려왔다. "유주야 뭐 해?"

"응, 나 그냥 슬라임 만지고 있어. 넌 뭐 해?"

"심심하다. 그렇지? 우리 놀이터에서 놀래?"

"응, 나도 나가고 싶은데, 엄마가 미세 먼지 때문에 오늘은 밖에 나가면 안 된대."

미세 먼지는 외동으로 크는 초등학생들의 즐거운 주말까지 앗아가 버렸다.

"유주야, 우린 동생이 없으니까 외롭지? 너 혹시 좋아하는 남자애 있어?"

"응, 글쎄…."

"내가 아무한테도 말 안 할게."

"응. 사실 있긴 한데, 너 진짜 아무한테도 말 안 할 거야?"

"응, 약속할게."

"난… 희동이가 괜찮더라."

"왜?"

"그냥 왠지 조용하고 얌전해서 좋아."

본의 아니게 듣게 된 초등학생 대화에 피식 웃음이 났다. 만년 말괄량이인 줄 알았던 유주 시선이 얌전하고 조용한 친구에게 머물렀다는 사실이 신선했다.

마침 밸런타인데이가 다가오고 있었다. 아무것도 모르는 척 유주에게 물었다.

"유주야, 밸런타인데이에 초콜릿 주고 싶은 친구 있어? 같이 초콜릿 사러 가자."

"엄마는 아빠 줄 거지?"

"응, 그래야지."

"엄마, 난 주고 싶은 친구가 있는 거 같기도 하고, 없는 거 같기도 하고 잘 모르겠어."

머뭇거리던 아이가 한 개는 아빠를 주고, 한 개는 친구를 주겠다며 초콜릿 두 개를 주문했다. 태권도에서 매일 같이 하원하는 친구를 염두에 둔 것 같았다. 도복을 입고 허리에 빨간 띠를 맸다. 두툼한 패딩 점퍼 주머니 속에 네모난 초콜릿을 넣었다.

"엄마, 나 용기가 안 날 것 같아."

"가지고 있다가 마음이 시키는 대로 해. 못 주겠으면 그냥 오면 되지 뭐."

수련을 마치고 집에 올라온 유주에게 당장이라도 묻고 싶었지만 아이가 먼저 말할 때까지 기다려 보기로 했다. 컨디션을 살피며 저녁을 먹었다. 샤워를 할 때까지도 별다른 말이 없었다.

"유주야, 초콜릿 친구 줬어?"

짧은 답변이 돌아왔다.

"어, 그냥 나 작은사범님 드렸어. 좋아하시더라."

주머니 속에 초콜릿 하나를 하원 단짝 친구에게 줄까 말까 망설이다가 불쑥 여자 사범님께 건네었을 작은 손은 빨간 단풍잎 같았을까? 봄바람을 타고 온 소녀의 밸런타인데이가 예쁘게 저물었다.

책 한 권이라도 더 읽히고 싶어서

　세 번째 수업이었다. 우리 집 거실에 상 두 개를 펴놓고 초등 3학년 언니 둘과 2학년 동생 하나가 둘러앉았다. 여자 셋이 모이면 접시가 깨진다고 했던가? 녀석들은 쉴 새 없이 떠들었고 열심히 썼다. 저희끼리 배꼽을 잡고 웃는가 하면 서로 맞춤법을 지적하며 집중했다.
　시냇물같이 경쾌한 유주 눈과 손이 책을 향했으면 했다. 도처에 흥미로운 영상 매체가 즐비한 환경 속에서 아이 주의를 끌 자극제가 필요했다. 차분한 시선으로 책에 열중하는 딸아이 모습을 상상하며 조심스럽게 단행했다. 마침 이웃에 사는 친구 자매와 모임이 성사되었고, 나는 1주일에 한 번 독서 수업을 계획했다. 15년 전쯤 따놓은 3급 독서지도자 강의록을 찾아냈다. 밑줄 치기, 제목 바꾸기, 주인공에게 편지 쓰기 등 학습 모형을 공부했다. 초등 독서 지도에 관한 유튜브 영상도 검색했다. 동시 세 편을 출력해서 나누어 주고 느낌을 공유하는 것으로 본시 수업을 시작했다. 앞은 볼 수 없어도 말하기나 읽기 영역 지도는 가능했다. 저녁 7시 30분부터 9시 30분까지 2차시 수업을 준비했다.

  맹학생이 아닌 비장애인 학생을 그것도 초등생 아이들을 지도하는 것은 처음이었으므로 제법 긴장이 되었다. 아이들 목소리에 귀를 쫑긋 세우고 자세부터 바로 잡았다. 놀고 싶어 안달하는 세 녀석의 엉덩이를 붙들어 놓기가 여간 어렵지 않았지만 순수한 천사들은 '무서운 꿈을 꾸었다.'로 시작된 문장 이어달리기 속에 빨려들며 수업 흐름을 탔다. 사각사각 연필로 글씨 쓰는 소리가 기분 좋은 빗소리 같았다. 무서운 꿈을 꾸어서 엄마를 불렀는데, 엄마가 들어와서 공부나 하라고 타박을 주는 장면을 이야기로 엮어가며 깔깔거렸다. 뜬금없이 오빠가 등장하기도 하고, 아빠한테 말대꾸해서 혼이 나기도 하는 다소 엉뚱한 전개였지만 아이들이 자발적으로 창작하고 쓰고 말하고 읽어보는 과정으로 이미 목표는 달성이었다. 백도화지에 펼쳐지는 아이들 상상력이야말로 무한한 가능성이요, 잠재력 아니겠는가?

  1교시가 끝나자마자 악동들은 냉장고로 달려갔다. 입맛에 맞는 아이스크림을 하나씩 골라 식탁에 둘러앉아 달게 먹고 말했다. 20분간의 휴식 시간이 눈 깜짝할 사이 지나갔다. 유주는 이상하게 공부 시간은 엄청 긴데 자유 시간은 진짜 빠르다며 주체할 수 없는 아쉬움을 토로했다. 은희경 작가의 《행복한 사람은 시계를 보지 않는다》라는 문장이 떠올랐다. 열 살 먹은 유주나 마흔이 넘은 나나 뽀로로처럼 노는 시간이 제일 좋은 건 매한가지였다.

어떻게 하면 책을 놀이처럼 재미있게 읽힐 수 있을까? 새 학년을 코앞에 두고 우리 학교에서 폐기되는 초등 3학년 점자 교과서를 챙겼다. 국어 활동과 수학익힘책을 바리바리 싸서 집에 있는 책꽂이에 꽂았다. 얇은 교과서 두 권이 점자로는 무려 8권이나 되었다. 생각 토론 화상 수업도 시켜봤다. 다달이 배송되는 교재를 컴퓨터 음성 프로그램으로 들을 수 있도록 작업해야 유주에게 읽어줄 수 있었다. 더뎌도 포기할 수는 없었다.

고맙게도 세 녀석은 《토네이도가 무서워》라는 초등 지리책을 제법 열중해서 읽었다. 도로시의 모험을 이야기하며 미국과 뉴욕, 영국과 프랑스까지 재잘재잘 할 말도 많았다. 9시 30분에 친구들을 보내고 바쁘게 아이를 씻겼다. 몸은 피곤했지만, 마음만은 화창했다. 지랄 발랄 하은맘이 쓴 《십팔 년 책 육아》 김선미가 딸에게 쏟은 열정과 노고에 비하면 내 서툰 독서 수업은 미미했다. 하지만 읽고 느끼고 웃고 쓰는 자체로 충분했다.

제 친구를 소개합니다

　제 친구는 김씨 성을 가지고 있습니다. 정치적 성향이 비슷하여 애청하는 시사 프로그램도 같은 색깔입니다. 그가 읽었던 책을 안주 삼아 이야기 나누면 그렇게 말이 잘 통할 수 없습니다.
　제 친구는 저보다 한 살 어립니다. 고향은 전라남도 완도 섬마을이지만, 서울에서 대학을 나온 인재이지요. 유주와 생년월일이 같은 아들을 하나 키우고, 가정과 직장밖에 모르는 매우 성실한 가장입니다. 회식도 근무의 연장이라는 소신 하나로 끝까지 '처음처럼'을 외쳐대는 통에 호랑이 같은 아내에게 큰 걱정과 타박을 듣기도 합니다.
　회기동 경희대학교 앞에서 그 친구를 처음 만났습니다. 서먹했지만 깍듯했습니다. 안동에 있던 연인을 만나러 가는 저를 청량리역까지 태워다 주었지요.

 그의 마음속에는 아주 크고 깊은 상처가 하나 있습니다. 군대에 있을 때 갑작스러운 사고로 부모님을 모두 잃었기 때문입니다. 어떻게 그 고통을 견뎌냈을까요?

 부모님 사랑 듬뿍 받고, 형들과 누나 사이에서 다복하게 큰 막둥이 아들입니다.

 동국대에 입학하여 건강하게 군 복무 중이었습니다. 스무 살 남짓 어린 나이에 아무 준비 없이 맞닥뜨린 부모님 부고가 얼마나 큰 충격이었을까요?

 제 친구는 그런 아픔을 딛고 일어선 사람입니다. 거짓말처럼 무사히 제대했고, 배우 최강희 닮은 여대생을 사랑하게 됩니다. 두 사람의 사랑은 장미꽃처럼 붉게 물들어 아름다운 결실을 보았습니다.

 안내견 강산이를 가족처럼 예뻐했고, 번번이 제 외출 도우미가 되어 주었습니다.

 심지어 신부 화장을 받으러 가는 결혼식 날 아침에도 저는 그의 차를 타고 식장에 나갔었지요. 중요한 순간마다 그는 항상 우리 가족과 함께였습니다.

 난생처음 받아본 문학상 시상식장에도 친정 부모님을 모시고 참석해 주었지요.

 제 옆자리에 앉아 조카 민찬이와 유주를 나란히 안고 있었던 그 친구는 바로 제부입니다.

저는 지금도 일상이 무료해질 때마다 딸아이와 함께 영은이네 집을 찾습니다. 언제든 우리 모녀를 환영해 주고, 쌍둥이처럼 함께 크는 조카와 딸아이를 성심으로 아껴주는 제부 덕분에 영은과 즐거운 시간을 누립니다.

저에게는 여동생만 둘 있습니다. 아들이 없는 친정에서 세 명의 사위들은 무척 든든한 기둥입니다. 2007년 결혼식 현장에서 신부대기실 사진 기사로 한몫 단단히 했던 막내 혜은이 남자 친구도 어엿한 제부가 되었습니다.

동에 번쩍 서에 번쩍 캠핑 무사 막내 제부 덕에 저도 캠핑의 즐거움을 알았지요. 센스 만점 이 서방을 닮은 매력 폭발 시우 형제들이 콩나물처럼 자랍니다.

언니 일이라면 열일 제치고 달려오는 동생들만큼이나 우리 제부들은 저를 위해줍니다. 때로는 술친구가, 때로는 운전기사가 되어줍니다. 무엇보다 사랑하는 동생들의 영원한 짝꿍이 되어준 김 서방과 이 서방은, 억만금을 줘도 아깝지 않을 소중한 친구들입니다.

준비성과 의연성을 처방받다

　기차표를 예매했어야 했다. 유주와 둘이서 동생 집에 가는 것이 처음은 아니었지만 사실 무리한 도전이었다. 모처럼 혜은과 공연을 볼 수 있는 기회를 포기하기 싫었다. 유주도 사촌들과 어울려 놀 생각에 당장이라도 현관문을 뛰쳐나갈 기세였다.
　다행히 동탄행 기차표를 두 장 구했다. 혜은 부부가 합동 작전으로 토요일 오후 SRT를 잡아 주었다. 내려오는 표가 없었지만, 일단 출발했다. 유주와 나란히 앉아 편안하게 동탄역에 닿았다. 승무원 안내를 받아 주차장까지 나갔다. 개구쟁이 조카 둘을 카시트에 태우고 동생은 나를 마중 나와 있었다. 계산할 줄 모르고, 천성이 유순한 혜은이는 아이 셋과 앞 못 보는 나를 이끌고 용감하게 키즈 카페로 향했다. 두 시간을 노는 동안 혜은이는 단 몇 분도 궁둥이를 붙이지 못했다.

소란스러운 키즈 카페 한구석에 앉아 짐을 지키며 커피를 마셨다. 땀 흘리며 노는 아이들은 마냥 행복했다. 요리 솜씨까지 나무랄 데 없는 막내 제부에게 푸짐한 저녁 식사를 대접받았다. 손이 빠른 제부가 폭풍 클릭으로 간신히 일요일 19시 55분 익산행 기차표를 한 장 잡아 주었다. 우선 한 장은 구했으니 나머지는 입석으로 해결할 요량이었다.

혜은이와 함께 수원에 나가 〈친정엄마와 2박 3일〉 연극을 봤다. 모녀가 서로에게 느끼는 섬세한 감정선이 잘 표현되어 있었다. 내 어머니의 태산 같은 그늘이 새삼 소중했다.

승차 시간이 임박해서 동탄역에 도착했다. 열차를 타야 하는 시점에야 SRT에는 입석이 없다는 사실을 알았다. 규정을 살펴보니 만 6세 이상 아동은 승차권을 구매하는 것이 원칙이었다. 유주는 만 7세였지만 내게는 표를 한 장 더 구할 비책이 없었다. 한 개 좌석만을 확보한 채 모녀는 열차에 올랐다. 우선 아이를 자리에 앉혔다. 객실에는 서 있는 사람이 없었고, 좌석 사이 통로는 비좁았다. 유주에게 음료를 먹이고 태블릿을 쥐여 주었다. 무슨 일이 있으면 객실 밖으로 엄마를 찾아오라는 당부를 남겨 놓고서 조심스럽게 발을 뗐다. 덜컹거리는 통로에 서 있자니 안에 있는 유주가 궁금하고 걱정되었다. 하지만 아이가 앉아 있는 좌석을 찾아갈 자신이 없었다. 휴대 전화기를 꼭 쥔 채 안내 방송에 귀를 기울였다. 손목에 찬 점자 시계만 수십 번 만지작거렸다. 여차하면 누구든 잡고 물어볼 생각으로 주변 상황을 살폈다. 마침 승무원이 내 곁에서 마이크를 들고 방송하는 소리가 들렸다. 안도의 한숨을 내쉬며 그쪽을 향해 큰 소리로 말했다.

"승무원님, 제가 시각장애가 있어서요. 5호 차 8B 석에 있는 아이 좀 살펴주실 수 있을까요? 아이를 찾아 들어가기가 어려워서요."

승무원은 무척 친절했다. 유주가 편안하게 태블릿을 보고 있다고 신속히 전해 주었다. 비로소 마음이 놓였다.

기차가 익산역에 도착한다는 안내 방송이 들렸다. 안내를 약속한 승무원을 기다렸지만, 시간이 없었다. 흰지팡이를 펴고 객실 안으로 들어갔다. 다섯 걸음 정도를 떼고서 유주를 불렀다. 헤드폰을 쓴 채 태블릿에 코를 박고 있을 녀석은 대답이 없었고, 수백 개 눈이 나만 쳐다보는 것 같았다. 진땀이 흘렀다. 다행히 살짝 뻗은 손끝에 유주 등 뒤에 올려뒀던 내 가방 감촉이 느껴졌다. 얼른 태블릿을 정리하고, 커다란 가방을 둘러멨다. 기차가 익산역에 정차하고 있었다. 아이 손을 잡고 객실 밖으로 나왔다. 그제야 승무원이 다가왔다. 문이 열리고, 유주가 플랫폼에 서 있는 아빠에게 폴짝 뛰어내렸다. 승무원 팔꿈치를 자연스럽게 잡았다. 1분 정도 지났을까? 중년 사내의 당황한 듯한 목소리가 들렸다. 내가 잡은 팔꿈치 주인이 승무원이 아니었던 거다. 화끈거리는 얼굴을 감추지도 못한 채 죄송하다고 인사하며 부랴부랴 기차에서 내렸다.

안전제일 주의자로 돌발 상황에 알레르기 반응을 일으키는 남편에게 나의 즉흥적 외출은 위험천만한 치기로 느껴질 만했다.

다급하면 공백이 생기기 마련. 슬프지만 나는 그 구멍을 민첩하게 메워낼 능력이 없는 엄마였다. 남의 시선을 잡아당기지 않을 재간도 없었다. 준비성과 의연성이야말로 두 눈 감고 사는 내가 갖춰야 할 필수 아이템이었다. 촘촘한 계획은 안락한 여유를 만든다. 무탈하게 귀가했다. 가슴을 쓸어내리며 스스로에게 준비성과 의연성을 처방했다.

아프도록 소중한

어버이날을 맞아 안동 시댁에 다녀왔다. 가족들이 둘러앉아 담소하며 찜닭도 먹고, 떡볶이도 먹었다. 유주는 오랜만에 만나는 큰엄마와 큰아빠께 윷놀이를 청했다.

고모가 사다 주신 간식에 가격표를 만들어 붙이고 마트 놀이를 시작했다. 할머니, 할아버지는 손님이 되어 유주의 산수 실력을 살피셨다.

친정 부모님 댁에는 올해로 94세 되신 할머니가 다녀가셨다. 수필 쓰는 사람으로서 할머니 개인의 역사가 처음 궁금했다.

할머니는 슬하에 9남 1녀를 두셨다. 10대 때 시집와서 6·25 동란 통에 아빠를 낳으셨다. 친정아버지는 셋째로 위에 형님이 두 분, 아래로 남동생 다섯과 여동생 하나가 있다. 아빠 위로 형님 한 분은 출생 후 얼마 지나지 않아 잃었다고 하셨다.

유주를 낳을 때 12시간 진통했다. 10년이 흘렀어도 그날의 고통은 두렵기만 한데, 할머니는 그 작은 체구로 무려 열 번을 해산하신 거다. 엄격하고 대쪽 같던 할머니가 억울하다고 하셨다. 왜 아니겠는가? 당신의 욕망이나 꿈은 애초에 없었던 것처럼 묵묵히 걸어온 평생이었다.

KTX를 타고 내려오신 할머니께 세 끼 식사를 차려 드리는 일은 오롯이 며느리 몫이었다. 엄마는 할머니가 드시고 싶다는 메뉴를 열심히 조달했다. 덕분에 나도 시금치죽을 처음 맛봤다. 할머니는 모처럼 며느리 손맛에 세 끼 식사를 즐겁게 하셨다. 주일에는 함께 예배당에도 나가셨다. 앞 못 보는 손녀딸이 믿을 데는 여기밖에 없지 않냐 하시면서 굳이 따라나서는 걸음이 감사했다. 지팡이에 의지해서 한 걸음씩 천천히 움직이시는 노고는 사랑이었다.

경기도에 사는 동생들이 친정 나들이를 왔다. 모처럼 온 식구가 모였고, 아이들은 신이 났다. 유주와 같은 또래 조카들은 서로에게 어린이날 선물을 자랑하며, 웃고 울고 싸우고 혼나고 화해했다. 변산 바닷가에 요트 체험을 나간 우리 가족은 생전 처음 타는 요트에 앉아 거친 바람을 맞았다. 영은이 나를, 제부가 민찬이를, 친정엄마가 유주를 보호하며 해변을 산책했다. 친정 부모님께 나 말고 건강한 자녀들이 있어 참 다행이라는 생각이 들었다. 남편은 언제든 마음만 먹으면 시부모님을 자동차에 모시고 편안하게 팔도 어디든 누빌 수 있는 모범 아들이다. 그런 남편을 지켜보면서 은근히 끓어오르는 시샘과 심술을 삼킨 적이 있었다.

친정 부모님께 때마다 흰 봉투에 넣은 현찰을 드려봤어도 나는 아직 환갑 넘은 친정엄마 수고에 힘입어 먹고 산다. 내가 결혼을 하여 아이를 낳음으로써 내 어머니가 챙겨야 할 식솔들은 더 불어났다.

며칠 전 동료들과 저녁 식사를 했다. A는 나와 같이 시각장애가 있고, B는 비장애인이다. 소주잔을 기울이며 서로에게 물었다.

"어버이날 부모님께 얼마 드렸어?"

공교롭게도 두 동료 모두 부모님이 병환으로 입원했다가 퇴원하신 참이었다. B가 말했다.

"아버지 퇴원하시는데 30만 원밖에 못 드렸다. 그냥 병원에 자주 가서 살펴 드리는 것밖에 못해서 속상해 죽겠다."

A가 맞받았다.

"난 그냥 병원비만 냈는데, 진짜 마음이 안 좋더라. 장애가 있으니 문병을 하러 가기도 그렇고, 어머니 힘드신데 곁에서 식사 한 번 챙겨 드리지 못하고."

A는 260만 원을 지불하고도 속상해했고, B는 최선을 다해서 아버지를 병간호했어도 아쉬움만 토로했다. 친정 부모님께 건강한 자녀가 있어 다행이라고 안도하는 내 마음과 동료들의 한숨이 겹쳐졌다. 부모님 품을 떠나 장성한 사회 구성원으로 자립한 성인들이었지만, 여전히 우리는 수혜자였다.

딸아이가 색종이로 만들어 식탁에 장식해 둔 카네이션을 가만히 만져봤다. 내가 받고 자란 고귀한 사랑을 유주에게 되돌릴 수 있을까? 더 잘해주지 못해서 애통해하는 마음들이 가정의 달 5월을 가득 채웠다.

소음이 없는 나라 일본

　우애 좋기로 소문난 세 자매의 첫 여행이었다. 조정래 저《아리랑》을 한수산 저《까마귀》를 읽으면서 우리나라 아픈 역사를 적나라하게 공부했다. 아직도 끝나지 않은 위안부 문제며 독도 영토 분쟁 등을 떠올리면 솔직히 일본에 대한 개인감정은 썩 좋지 않았다. 착한 남편과 제부들이 의기투합하여 아빠 부대 육아 일정을 짰다. 과연 실현될 것인가?
　출국 당일까지 실감 나지 않았다. 비행시간은 1시간 남짓. 시차도 없는 데다가 거리에는 친숙한 편의점 간판이 즐비했다. 직장인을 주 고객으로 한 2박 3일 벳푸 온천 패키지 상품이었다. 입국 심사를 하면서 시각장애인임을 말하자 일본인 아저씨는 내 손을 잡고 친절하게 지장 찍는 것을 도와주었다. 첫 식사는 100년 전통을 자랑한다는 가락국숫집에서 했다. 많이 짰다. 소박한 그릇에는 젓가락으로 한두 번 집어 먹으면 없어질 반찬들이 오밀조밀 담겨 있었다. 밥 문화가 발달한 나라이니만큼 반찬보다는 쌀 자체의 맛과 질을 까다롭게 따진다고 했다.

첫날밤은 시카노시마 지역에 '큐카무라'라는 어촌 마을 숙소에서 묵었다. 미야모토 테루가 쓴 단편소설 〈환상의 빛〉의 배경을 토씨 하나 안 틀리고 재현해 놓은 것 같은 다다미방, 창문 밑에서 들려오는 파도 소리가 꿈결 같았다. 정갈하게 깔린 이부자리 세 채가 비를 맞으며 환상적인 노천을 즐기고 들어온 우리에게 어서 누우라고 손짓하는 듯했다. 자판기에서 뽑은 아사히 맥주를 홀짝거리며 도란도란 이야기꽃을 피웠다. 자매만이 나누어 가질 수 있는 부모님에 대한 애틋한 사랑과 우리만 아는 우리 집 문제들을 가감 없이 토론하고 정리했다.

딸만 셋인 우리 집에서 기둥이자 아들 노릇을 하는 둘째 영은은 언니와 동생의 배꼽이 위태로울 지경으로 잔혹 동화에 버금가는 입담을 뽐냈다. 매사에 진지하고 순종적인 나와 막내에게 대장이요, 해결사인 영은은 늘 그랬듯 우리 일행의 인솔자였다.

이튿날에는 벳푸 지역 가마도 지옥 마을을 체험했다. 일본이 화산섬인 것은 익히 알았지만, 지글지글 타오르는 유황 온천의 수증기를 피부로 체감하고 보니 성경 속 불타는 유황 지옥이 실감났다. 유노하나 온천 마을에서 여한 없이 풍욕을 즐겼다. 유카타를 입고 아무도 없는 새카만 시골길을 걸었다. 수증기가 뭉게뭉게 피어오르는 마을 정경은 더없이 몽환적이었고, 우리는 양팔을 활짝 벌린 채 자유롭게 사진을 찍었다.

여성 전용 표지판이 붙어 있기는 했어도 잠금장치가 없는 노천은 못내 불안했다.

경상도 할머니 부대가 합류하기 전까지 세 자매는 온 신경을 문쪽에 집중한 채 꼿꼿하게 굳어 있었다. 요란한 사투리가 그렇게 반가울 수 없었다. 벗은 할머니들이 합세하니 천군만마를 얻은 듯 든든했다. 그때부터 우리는 본격적인 수다 신공에 돌입했고, 물속에 앉아 바람을 맞으며 웃고 또 웃었다.

두 번째 숙소도 다다미방이었다. 개인 수건이 특이했다. 인심 좋게 여남은 개를 비치하는 우리 숙소와는 다르게 일본은 투숙객의 숫자만큼만 타월을 제공했다. 개별 포장되어 새것을 개봉하는 듯한 깔끔한 맛이 좋았다. 정작 수건은 얇았지만 검소한 일본인 생활 태도가 엿보였다.

유후인 민예 거리는 꼭 서울 종로구 인사동 같았다. 일본인·중국인 관광객이 넘쳐나는 명동 거리와도 닮은 느낌으로 기념품 가게가 즐비했다. 꿀벌 아이스크림과 찹쌀떡이 맛있었다. 160cm가 안 되는 내 키로도 천장을 만질 수 있는 귀여운 상점이 신기했다. 유리공예가 발달한 나라답게 어딜 가나 맑은 풍경과 오르골 소리가 귀를 간지럽혔다. 경적이 없어서인지 도로마저도 고요했다. 하나같이 창문에 커튼이 드리워져 있는 가옥 풍경도 이색적이었다. 매정하다 싶을 만큼 차단된 공간 구조는 그 나라 국민의 생활상을, 가치관을 투영한 듯했다.

　마지막 날에는 야나가와 뱃놀이를 체험했다. 버드나무 가지가 늘어진 수로를 따라 뱃사공의 "엎드려!" 외침에 일제히 허리를 굽혔다. 다리 밑을 통과하는 동안 작은 체구의 아저씨는 날렵하게 다리 위로 뛰어올라 밑에 엎드린 우리를 내려다보며 익살스럽게 장난쳤다. 〈돌아와요 부산항에〉, 〈무조건〉, 〈내 나이가 어때서〉를 우리말로 불러 젖히는 노동이 선해 보였다. 요란하지 않은 여흥이 썩 마음에 들었다. 열정 넘치는 베트남 바구니 보트와는 또 다른 매력이 차분한 웃음을 주었다.

　쓰레기를 만들지 말라는 취지로 일본 정부는 거리에 쓰레기통을 설치하지 않는다고 했다. 후쿠오카 공항에 도착할 때까지 정말 거리에서 쓰레기통을 찾아볼 수 없었다. 끼니마다 소박한 밥상은 잔반을 만들지 말라는 경고 같았다. 연두부 · 낫토 · 흰죽 · 생선구이 등 고춧가루를 전혀 쓰지 않는 식단은 고혈압, 심근경색 따위의 생활 습관병을 예방하고 말겠다는 강한 의지인가 싶었다.

　2박 3일은 짧았다. 그들은 매우 치밀했고, 친절했다. 철저하게 사무적이었으나 앞 못 보는 여행객에게 불쑥 뿌레젠또를 건네는 깜짝 센스를 선사하기도 했다. 장거리 버스 운행을 도맡아 했던 젊은 일본인 기사에게 파우치 선물을 받고서 나도 커피를 하나 건넸다. 기분 좋은 웃음을 나누며 작별했다.

　새 주인을 따라 비행기를 타고 한국 시골 마을까지 날아온 토끼 파우치는 매일 아침 화장대 앞에서 기계처럼 출근을 준비하는 내게 공항의 흥분을 속삭거린다. 맑은 목청으로 〈겨울 왕국〉을 노래하는 오르골도 그 거리 감각을 일깨운다.

　후쿠오카에서 오후 6시 15분 비행기를 타고 이륙했다. 인천 공항에 7시가 조금 넘어 착륙했고, 친절한 승무원 안내를 받아 바쁘게 광명행 버스에 올라탔다.

　광명역에 도착하니 남편이 버스 창문을 두드려 자기 위치를 알려 주었다. 비로소 긴장이 풀렸다. 우리 부부는 KTX에 나란히 앉아 초등학생처럼 쉴 새 없이 떠들었다. 할 말이 넘쳐났다. 선뜻 여행 경비를 쾌척해 준 남편 덕택에 떠날 수 있었다. 면세점에서 내가 일일이 버클을 만져보며 고른 벨트와 처제들이 선택한 면도기를 선물했다. 자정이 다 되어 귀가했다. 잠든 유주 곁을 지켜 주신 엄마가 밝은 웃음으로 우리를 맞아 주셨다.

불량 슬라임 제조자들에게 고하노라

 어린이들에게 슬라임은 꽤 매력적인 장난감이다. 쫀득쫀득한 촉감에 파츠라는 갖가지 반짝이를 넣어 크런치 슬라임 또는 지글리 슬라임을 만든다. 유주도 슬라임이라면 세 시간 정도는 너끈하다. 관련 유튜브 방송도 넘쳐난다. 찰기에 따라 지글리 슬라임, 버터 생크림 슬라임, 클리어 슬라임, 퐁당 액괴 등 다 헤아릴 수도 없다. 유주는 직접 슬라임을 만들며 유튜버처럼 상냥하게 설명하지만, 내 머리에서는 어떻게 하면 유주의 손에서 슬라임을 떼어 놓을까 하는 조바심만 일렁거린다.
 1년 전 매스컴을 통해 슬라임에서 유해 물질이 검출되었다는 기사를 보았다.
 아이를 힘겹게 설득하여 집안에 모든 제품을 내다 버린 전적이 있었다. 하지만 슬라임 가지고 노는 친구들 사이에서 유주가 버티기는 쉽지 않았다. 게다가 초등학교 앞 문구점에서는 버젓이 1,000원짜리 불량 슬라임을 팔고 있지 않은가!

 금단 현상에 시달리던 유주가 급기야 엄마 몰래 슬라임을 사기에 이르렀다. 강압적으로 아이를 압박하는 것이 능사가 아니었다. 무독성 제품을 검색하여 한 개 10,000원에 육박하는 슬라임을 사 주었다. 그래도 마음이 놓이지 않았다. 웬만하면 재료를 사주고 직접 만들게도 해봤다. 물풀, 소다, 리뉴, 쉐이빙 폼 등을 섞어가며 유주는 시간 가는 줄 몰랐다. 패드를 앞에 세워 놓고 유명 유튜버로 빙의하여 자기가 만드는 모습을 동영상 촬영했다.

 유주가 한바탕 슬라임을 가지고 바풍(바다 풍선)을 만들고, 화장실을 들락거리며 따뜻한 물을 나르고 나면 이게 또 뒷정리가 만만치 않다. 끈적거리는 슬라임 파편들이 여기저기 묻고 쉐이빙 폼과 파츠 조각들이 매트 바닥에 아무렇게나 굴러다닌다. 말끔하게 세탁되지 않는 슬라임 때문에 버린 옷도 여남은 개가 넘었다. 이쯤 되면 내가 벌려준 판이었음에도 번번이 볼멘소리를 쏟아낼 수밖에…. 집에서 이렇게 씨름하는 것도 한계에 닿은 참이었다.

 익산 시내에도 우후죽순처럼 슬라임 카페가 생겨났다. 주말에는 한 번씩 데리고 가서 놀게 했다. 학교 앞 문구점이 아닌 슬라임 카페 제품은 다르리라 기대하면서…. 두 시간을 놀면 30,000원 가까운 금액을 지불해야 한다. 부모들의 불안을 짐작한다는 듯 곳곳에 붙어 있는 '무독성'이라는 세 글자에 안도했다. 그런데, 바로 어제 한겨레신문에서 다음의 기사를 보았다. "소비자원 조사 결과, 슬라임 20종 가운데 3종에서 허용기준(300mg/kg)을 1.2~2.2배 초과한 붕소가 검출됐다. 붕소는 과다 노출 시 위·장·간 등에 영향을 미치는 유해물질로, 올해부터 용출 허용 기준이 개정 적용됐다. 또 다른 제품 1종에서는 가습기 살균제 논란을 일으킨 사용금지 방부제 클로로메틸아이소티아졸리논(CMIT)과 메틸아이소티아졸리논(MIT) 등이 검출됐다. 이들 4개 제품 제조업체는 문제 제품을 폐기하고 판매 중지했다고 소비자원에 알렸다. 또 일부 부재료에서는 붕소, 유해 중금속 성분 등이 나왔다. 파츠(슬라임에 촉감·색감을 부여하는 장식품) 40종 가운데 13종에서는 허용 기준을 최대 766배 초과한 프탈레이트계 가소제가 검출됐다. 프탈레이트계 가소제는 내분비계 교란 물질로, 국제암연구소에서 발암 가능 물질로 분류하고 있다. 또 이 가운데 3개 제품은 납 함유량이 허용 기준(300mg/kg)의 1.8~12.1배에 달했고, 1개 제품은 카드뮴 함유량도 허용 기준(75mg/kg)의 2.4배였다. 또 색소 21종 가운데 2종에서도 허용 기준을 각각 1.5배, 7배 넘은 붕소가 용출됐다."

 슬라임 카페 판매 제품을 조사한 결과였다. 화가 났다. 도대체 어떤 사람들이 무슨 의도로 그런 제품을 만들어 파는지 속이 터졌다. 어린이들은 이 나라의 미래가 아니던가? 아이들 피부에 직접 접촉되는 완구류를 제조하는 사람들이라면 최소한의 양심은 있어야 맞지 않는가?

　학교에서 담임교사 업무를 수행하다 보면 생활기록부를 작성하게 된다. 문구 하나하나에 신경을 쓰고, 학생 개개인의 특성을 떠올리며 문장 부호 하나까지 그야말로 심혈을 기울인다. 생활기록부는 법적으로 영구보관 문서이므로 작성자에게 엄중한 책임이 따르기도 하지만, 학생 당사자 인생에 지대한 영향을 미칠 수 있기 때문이다. 하물며 성장기에 있는 어린이들의 신체에 심각한 건강 문제를 야기할 수 있는 유해성 물질을 첨가하는 어른들이라니….

　아이에게 진지하게 설명했다. 슬라임에서 무서운 독이 나왔다고, 계속 만지면 암 덩어리가 우리 몸의 세포를 잡아먹을 수도 있고, 키가 안 클 수도 있다고…. 고맙게도 천진한 초등학생은 순하게 수긍해 주었다. 집에 있는 슬라임을 다시 한번 몽땅 내다 버렸다. 내가 안간힘 써서 우리 집을 슬라임 청정구역으로 만들어 봐도 현관을 나서는 순간부터 온갖 자극들이 아이를 유혹한다. 유튜브 영상도 불안하긴 마찬가지다. 무분별하게 노출되는 선정적인 문구와 영상을 내 어찌 일일이 차단할 수 있겠는가? 아무리 돈이 좋아도 어린이들의 깨끗한 영혼을 무참하게 짓밟는 행위를 의식 있는 어른들은 하지 않았으면 좋겠다. 이 땅의 어린이는 어른들이 지켜주고 키워주어야 할, 무한한 가능성의 보고 아니겠는가? 여린 잎이 다치지 않도록 보호해야 할 책무를 저버리는 어른들은 명백히 유죄다.

제3부

당신 덕분에

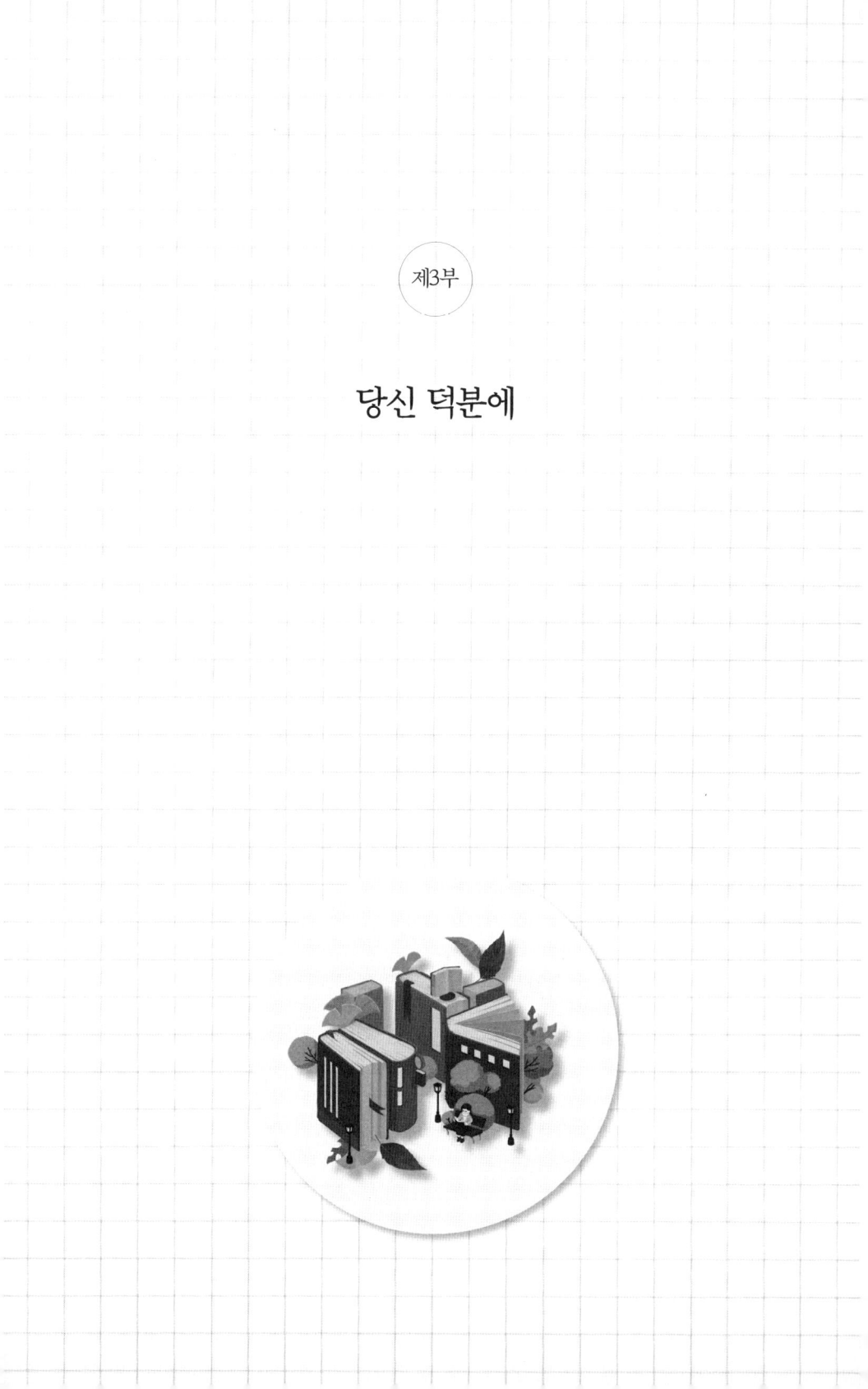

수필 전도사께

완연한 가을입니다. 찬란한 햇빛이, 만삭이 된 대지가 노랗게 일렁거리는 수확의 계절이에요. 감나무에는 탐스러운 열매가 달렸고, 못난이 모과가 땅바닥에 뒹굽니다. 도토리와 알밤 줍는 손들이 바쁘고, 김장 배추를 심는 텃밭 일손이 분주합니다. 고추, 마늘, 파 같은 채소들이 잦은 태풍과 엿가락 장마 탓에 금값이 되었네요. 코로나 시국이지만 건강하시지요? 올 한 해는 선생님 일상에도 꽤 많은 변화가 있으셨을 거로 생각됩니다.

저 역시 그랬지요. 마스크와 손소독제를 꼭 지참하는 것은 기본, 3학년 유주 온라인 수업은 물론 제 수업을 진행하는 데에도 여러 모로 첫 경험을 하는 중입니다. 시각장애 특수학교에서 온라인 수업을 어떻게 진행하는 것이 효율적일지 끊임없이 고민하고 논의하고 연수하고 테스트하느라 학년 초가 무척 바빴더랬지요. 줌 클라우드 미팅을 비롯한 다양한 화상회의 앱 사용법을 열심히 익혔지만, 실제 수업은 주로 음성 그룹 통화로 이루어졌답니다.

빈 교실에 앉아 이어폰을 꽂은 채 집에 있는 학생들과 유선으로 수업하는 것이 처음에는 어색했지만 금세 적응되었어요. 다행히 한 달 남짓 전화 수업이 이루어지고는 등교가 시작되었습니다.

선생님 근무하시는 박물관 사정도 크게 다르지는 않았겠지요? 박물관이라는 곳이 불특정 다수의 방문으로 운영되는 만큼 경비도 방역도 삼엄했을 거라고 짐작했습니다. 2월부터는 아예 출근을 못 하셨다고요. 선한 목소리로 전해 주시는 근황이 무척 반가웠습니다. 추석을 맞아 처가 성묘를 다녀오셨다고 심상하게 말씀하셨어요. 딸만 있는 저희 친정이라서 성실한 사위의 면모가 더 크고 멋지게 느껴졌을까요?

선생님 덕분에 수필의 위력을 알았습니다. 쓰기는 제 삶을 놀라운 치유의 힘으로 변화시켰어요. 손가락을 꼽아 보니까 제가 처음 선생님을 안 것이 무려 7년 전의 일이더라고요. 단조로운 일상에서 벗어나고 싶어 우석대 평생교육원 시 창작반에 무턱대고 발을 들였습니다. 아무것도 몰랐어요. 우석대 평생교육원이니까 당연히 삼례에 있을 거라고만 생각했습니다. 직장에서 가까운 우석대라면 충분히 출석할 수 있겠다는 공산이었죠.

아뿔싸! 평생교육원은 우석대 캠퍼스에 있지 않았습니다. 그 사실을 개강일에야 알았어요. 그것도 동료가 저를 우석대 정문 앞에 내려주고 떠난 뒤에 말이에요. 등줄기에서 식은땀이 흘렀습니다. 출산한 뒤로는 혼자 지팡이 들고 외출한 적이 없었기에 그야말로 간이 철렁하는 순간이었어요. 다행히 착한 청년의 도움을 받아 시내버스를 탔습니다. 무려 40분을 달려서야 전주에 있는 평생교육원에 닿았지요.

　글쓰기를 배우고 싶다는 열망 하나로 낯선 공간, 낯선 사람들 사이에 쭈뼛쭈뼛 자리 잡았어요. 너무 어색하고 불편했습니다. 모두가 저만 쳐다보는 것 같았고, 주변 상황에 어떻게 대처해야 할지 온 신경이 곤두섰어요. 바로 그때 선생님이 뚜벅뚜벅 다가오셨습니다. 음료수 뚜껑을 따서 건네주셨지요. 지극히 평범해서 고마운 손길이었습니다.

　동시로 등단했고, 시집도 출간했으며, 수필집을 준비 중이라는 이력을 들었습니다. 큰 상을 받고도 무연히 남 얘기하듯 본인을 소개하셨어요. 덕분에 한 학기 시 창작 수업을 무사히 마칠 수 있었습니다. 유강희 시인의 가르침을 초등학생처럼 필기했어요. 시를 사랑하는 사람들이라서인지 처음 대하는 시각장애인에게도 열린 마음들이셨지요. 함께 식사도 하고 언니처럼 챙겨 주셨던 작가님들이 기억납니다. 오가는 교통편이 여의치 않아 가까스로 한 학기만 수강하고 더는 등록을 하지 못했어요. 시를 사랑하는 사람들 곁을 기웃거렸던 시간이 꿈 같았습니다.

　수필에 관심을 보이는 제게 '신아문예대학'을 소개해 주셨지요. 선생님 권유는 제 평생 전무후무한 인생 선물이 되었습니다. 목요일이면 당신도 퇴근 후 바쁘게 출석하시면서 보행이 불편한 맹인 신입생까지 챙기시느라 얼마나 힘드셨어요? 교통편을 마련하는 데 급급해서 번번이 저녁을 거르던 제게 맛있는 저녁 식사까지 대접해 주셨지요. 걸음이 더딘 저를 편히 인도하려고 일부러 차까지 운전하신 배려를 지금도 잊지 않고 있습니다.

정식 수필 판으로 전도해 주신 덕택에 저는 '김학' 스승님 밑에서 꾸준한 지도를 받을 수 있었습니다. 목요야간반에도 출석하는 날보다는 결석하는 날이 많은 형편이고 보니 번번이 스승님 뵐 낯이 없었는데도 한결같이 독려해 주셨어요.

전도사님이 놓아 주신 다리를 밟고 새로운 세계로 진입했습니다. 보잘것없는 넋두리가 글이 되어 누군가에게 읽혔습니다. 작품을 합평해 주시는 문우님들과도 조금씩 정이 들었습니다. 시든 수필이든 소설이든 글을 쓰는 사람들은 기본적으로 마음에 온기가 남다르지 않나 생각합니다. 관점과 시선의 깊이가 깊다고 할까요?

도움이 필요한 시각장애인에게 선뜻 무언가를 권유한다는 것이 쉽지 않으셨을 겁니다. 귀찮고 성가신 상황이 생길 수 있다는 것을 어느 정도 예감하셨을 텐데, 아닌 게 아니라 수필반에 처음 등록하고 한 학기 동안 선생님께서 제 출석 도우미를 거의 전담하다시피 하셨었잖아요. 선생님 진심으로 감사드립니다.

제게 '쓰기'는 호흡과도 같아요. 위로고, 치유고, 정체성이고, 해답이고, 때로는 뒷북이기도 합니다. 그때 왜 그렇게 힘들었는지, 화가 났는지, 무엇이 원인이었는지 당시에는 알지 못했던 감정을 뒤늦게 깨닫고 절대 풀리지 않을 것 같던 실타래를 풀어내게 하는 마법이 '글'이더라고요. 선생님 선의가 아니었다면 아마 저는 지금도 응어리진 감정 속에 매몰되어 끔찍한 악순환을 반복했을지 모르겠어요. 자학의 늪에 빠져 무력하게 하늘만 원망했습니다 내면을 글로 써 보니까 비로소 그 감정의 정체를 알겠더라고요.

 자신을 사랑할 줄 모르는 사람은 그 누구도 절대 사랑할 수 없다는 사실을 이해하게 되었습니다. 두 눈에 빛을 허망하게 잃었어도 따뜻한 시선은 지켜보겠다고 다짐했어요. 부끄럽게도 냉소에 찌든 제 세계관을 인정하지 않을 수 없었으니까요. 쓰기는 정직한 성찰이었습니다. 선생님 도움이 아니었다면 지속해서 글을 쓰지 못했을 것이고, 그랬다면 지금의 평화는 감히 꿈도 꾸지 못했을 겁니다. 어찌 감사드리지 않을 수 있겠어요!

 단 한번 사는 생인데, 두 눈을 도둑맞아서 많이 억울했습니다. 그래도 쓸 수 있고, 읽을 수 있고, 들을 수 있으니까, 말할 수 있으니까 남은 감각으로라도 누려보려고 합니다.

 갈 길이 멉니다. 잘 쓰고 싶은데, 써놓고 보면 맥없이 조악합니다. 그래도 끝까지 순수한 열정 쏟아볼게요. 언젠가는 꼭 좋은 소식 전해드리겠습니다. 축복받은 이 계절에 선생님의 하루하루가 평안하시길 기원합니다. 건강하십시오.

번역가가 된 작은 거인 김혜영

　혜영 언니가 집에 놀러 왔다. 손이 무딘 나는 저녁 메뉴를 정하지 못해 안절부절 못했다. 아이들 메뉴를 내 손으로 직접 만들어 주고 싶은 마음이 앞서 더 조악한 식탁을 마련하고 말았다. 결국, 치킨과 피자로 상을 채웠다. 외식을 하고 싶었지만 우리 대화 시간이 짧아질 것 같았다. 언니와 나를 엄마로 만들어 준 초등학생 셋이 안전하게 놀 공간도 필요했다.
　언니와의 인연은 고등학교 1학년 때 시작됐다. 실업계 서울맹학교에서 대학 진학을 준비하던 우리에게 언니는 특유의 발랄함으로 다가왔다. 이화여대 교육심리학과 1학년이라고 했다. 경쾌한 구두 소리, 막힘없고 자유로운 기운이 언니 온몸을 휘감고 있는 듯했다. 나와 유미, 그리고 정훈이로 우리 팀이 구성되었다. 1주일에 한 번

국어 수업을 했다.

 학교에 올 때마다 언니는 떡볶이며 아이스크림 같은 간식을 사 들고 왔다. 공부하기 전 간식을 먹으며 허물없이 나누는 대화도 유익했다. 언니가 들려주는 대학 이야기는 그 세계를 선망하는 고등학생들의 영혼을 사로잡기에 충분했다.

 당시에는 신촌 대학가를 중심으로 동덕여대, 덕성여대, 상명대 등이 연합된 '참우리' 동아리가 있었다. 나와 같이 특수학교에서 공부하는 학생들에게 학습 봉사하는 마음씨 고운 언니 오빠들 모임이었다. 이화여대에 다니는 예쁜 언니들이 많았고, 연세대, 고려대, 서강대 등에 다니는 멋진 오빠들이 있었다. 하나같이 당당했고 푸르렀다.

 주말이면 어김없이 맹학교 교실에 앉아 목이 쉬도록 국어 문제지를 읽어 주었다. 상세한 문제 풀이까지 완벽했다. 3년 동안 꼬박 언니 지도를 받았다. 방학 때는 평일 보충도 했다. 언니가 못 올 땐 카세트 테이프에 문제지를 녹음해서 보내주었다. 어디 그뿐인가? 지인들을 수소문해서 우리의 영어며 수학 공부 시간까지 마련해 주었다. 언뜻 기억나는 인연만 해도 서넛이 넘는다.

 언니를 만나지 못했더라면 특수교육과에 진학할 수 없었으리라. 그랬다면 난 여느 맹학교 친구들처럼 안마사가 되었을까? 언니는 교문 안 개구리로 사는 우리들에게 다양한 체험을 선사했다. 수업을 마치면 같이 노래방에도 갔고 피자도 먹으러 다녔다.

 목동에 살았던 나는 화곡동에 사는 언니와 물리적으로 가까웠고,

내 동생 영은이는 혜영 언니가 다녔던 명덕여고 후배이기도 했다. 나는 세 자매 중 맏이고 언니는 세 자매 중 막내였다. 그래서였을까? 언니에게는 하고 싶은 말이 항상 넘쳤다.

1998년 나는 대구대학교 특수교육과에, 유미는 사회복지학과에 입학했다. 정훈이는 재수를 택했고, 언니는 졸업반이 되어서도 정훈이를 도왔다. 취업 준비하느라 많이 바빴을 텐데 어쩜 그렇게 한결같을 수 있었을까?

'참우리' 언니 오빠들 중 고학년은 많지 않았다. 보통 1~2년 정도 봉사하고 나면 자연스럽게 수업 횟수가 뜸해지다가 끊어졌다. 언니처럼 끝까지 한 팀을 지도하는 경우는 극히 드물었다.

수능 시험 치기 전날, 나는 언니가 수업 자료에 근사한 음악과 함께 녹음해 준 류시화 시인의 〈들풀〉을 반복해서 들었다. '맨몸으로 눕고 맨몸으로 일어나라'는 구절이 그렇게 절절할 수 없었다. 불안한 미래에 대한 두려움과 수능 시험이 주는 부담을 언니 목소리로 달랬던 것 같다. 언니 덕택에 나는 특수교사가 되었다. 그동안 언니도 멋진 커리어우먼이 되어 일했다.

언니 결혼식에서는 여성이 주례하는 모습을 처음 보았고, 언니가 엄마가 되고서는 근근이 연락만 주고받았다. 언니가 첫아이를 출산한 직후 내가 결혼했고, 언니는 부기도 빠지지 않은 몸으로 신부대기실에 앉아 있는 내 손을 잡아 주었다.

동원할 수 있는 모든 인력과 방법을 망라해 치열하게 맞벌이하던 언니는 결국 두 아이 육아를 위해 일을 내려놓았다. 유능한 인재가 전업주부가 되어 고군분투했다. 오롯이 자기가 될 수 있는 시간이면 맹렬하게 독서 했다. 모두가 잠든 캄캄한 밤에는 눈이 아닌 귀로 독서 한다며 오디오북 정보를 묻기도 했다.

그러는 사이 나도 엄마가 되었고, 전쟁같이 살았다. 길고 어두운 터널을 아홉 개쯤 빠져나왔고, 숨 막히는 순간마다 언니에게 편지를 썼다. 전문 상담 교사로서 그녀는 나에게 꼭 필요한 조언을 아끼지 않았다.

전업주부로 지내던 언니가 어느 날 전문 번역가가 되었다는 소식을 전해왔다. 두 아이 키우면서 틈틈이 중국어를 공부했고 어려운 자격시험에 합격하여 어엿한 번역가로 재택근무하게 되었다는 소식이었다. 역시 김혜영이다.

장난스럽게 웃지만, 타인의 아픔을 사려 깊게 살핀다. 현실에 안주하지 않으며 자신을 갈고닦는다. 인권 감수성 높고 스스로를 사랑할 줄 아는 어여쁜 그녀가 내게 촉감 좋은 외투를 선물해 주었다. 그녀에게 받은 것이 어디 외투뿐이랴.

아쉬운 마음으로 언니와 작별했다. 그녀 앞에서는 유난히 더 늦고 놓치고 흘리는 내 손을 부끄러워하며 다음을 기약했다.

선생님과 어투

눈이 아닌 귀로 세상과 관계 맺는 나는 상대의 어투에서 진심을 가늠한다. 문득 지인들의 어투를 생각해 봤다. 나와 유대 관계가 있는 이들은 대부분 어투가 상냥하다. 표정을 볼 수 없는 내 입장을 배려한 예의일 때도 많지만 웃음이 묻어 있는 얼굴이 환하게 그려지는 목소리가 있다. 눈빛은 꾸며낼 수 없지만, 어투는 마음만 먹으면 얼마든지 연출할 수 있다는 것이 맹점이라면 맹점일까?

중학교를 졸업한 지 20여 년이 지났지만 지금도 '어투'하면 어김없이 떠오르는 선생님이 두 분 계시다. 한 분은 중학교 1학년 생물, 한 분은 3학년 물상 선생님이셨다.

목동에서 일반 초등학교를 졸업했다. 서울맹학교 중등부에 입학하여 모든 환경이 낯설 때 생물 선생님의 독특한 수업은 소리에 민감한 내 뇌에 선명한 흔적을 남겨 놓았다. 저명한 학자 도올 김용옥 교수를 닮은 듯한 열정적인 톤으로 온몸의 기운을 쥐어짜는 리듬이 재미있어 나도 모르게 수업에 집중했다.

당시 학습 내용은 해조류와 해초류에 관한 것이었는데, 선생님이 목청껏 소리 지르며 노래처럼 흥얼거리신 내용이 아직도 귀에 쟁쟁하다.

"미이역, 다 시이 마, 모자바안, 톳."

태어날 때부터 눈이 보이지 않았던 친구들은 귀신같이 선생님들 목소리를 재현했다. 성대모사에 능한 친구 둘만 모여도 천연덕스러운 교무회의 장면이 연출됐다. 물상 선생님은 특수학교 근무가 처음이라고 하셨다. 속도가 매우 느리면서 뜸을 길게 들였다. '어떠한'을 꼭 '어떠러 한'으로 발음하셨는데, 우리들은 그 특이한 어투를 흉내 내는 것이 재미있어 선생님 말씀을 따라 했다. 앵무새처럼 반복하다 보니 학습 내용이 절로 외워졌다.

시험 기간, 물상 선생님께서 과학실로 나를 부르셨다. 점자 출력물 내용을 확인하는데, 다른 선생님들과 담소하는 목소리가 들렸다. 깜짝 놀랐다. 지극히 평범하지 않은가? 작업을 마치고 선생님이 주신 점자지를 한 뭉치 받아 교실로 달렸다.

"대박! 나일주 선생님. 선생님들끼리 얘기할 땐 말투 완전 정상이야."

특수교사가 되고 종종 물상 선생님을 떠올렸다. 일반 학교에서 비장애 학생들만 가르치던 선생님이 얼마나 고심하고 연구한 끝에 그 어투를 생각해내셨을까? 맹 학생들 특징을 파악하여 그것을 수업에 반영하신 선생님이 새삼 존경스러웠다. 실수로라도 교실에서는 당신 개인의 어투를 쓰지 않으신 철칙도 놀라웠다.

눈으로 점자를 줄줄 읽으셨던 국사 선생님, 지성과 미모로 뭇 남학생들의 인기를 누렸던 영어 선생님, 충청도 사투리로 구수하게 "옥수수 감춰." 하시던 체육 선생님, 아침 조회 시간마다 학생 한 명 한 명 이름을 따뜻하게 불러주셨던 수학 선생님은 모두 건강하실까?

18년 차 특수교사로 일하는 동안 한 번도 은사님 닮은 교사를 만나지 못했다. 맹 학생들 말 많고, 고집 세고, 이기적이라는 푸념은 귀가 따갑게 들어왔지만 그들의 생물학적 특성에 대해 진지한 태도로 고민하고 연구하는 비장애인 교사는 드물었다. 비단 교사뿐이겠는가?

원만한 사회관계를 유지하기 위해서는 성숙하고 노련한 표정과 어투 관리가 필수다. 생물 선생님의 독특한 어투는 특수교사인 내게 해초류에 대한 지식을 넘어 교사로서의 교수 연구 자세를 가르쳐 주셨다. 긴 세월을 뛰어넘는 생생한 기억은 은사님들 어투에서 비롯됐다.

앞을 볼 수 없는 탓에 유난히 목소리에 집착하는 성향이 어쩌면 함정일지 모른다. 하지만 내가 육감적으로 감지하는 상대의 마음은 감출 수 없는 진심이라고 믿는다.

내 어투를 점검해 봤다. 가까운 사람일수록 건조하고 무심했다. 학생들에게 나는 어떤 선생님으로 남을까? 내 어투는 상대에게 칼이었을까, 약이었을까?

그리운 정윤민 선생님

마른장마라고 하더니 폭우가 쏟아졌다. 쉬는 시간 중·고등부 건물 사이를 총총히 뛰어다녔다. 초등부 꼬마들은 무엇이 그리 즐거운지 비를 맞으면서도 신이 났다. 1995년 그날도 오늘처럼 요란하게 비가 내렸다. 학교 전체가 슬픔에 잠겨 하늘처럼 울었다. 스피커에서 흘러나오던 윤리 선생님의 젖은 목소리가 지금도 생생하다. 당시 나는 서울맹학교 고등부 1학년이었다. 미국 유학을 마치고 어엿한 사회인으로 첫발을 내디딘 정윤민 선생님은 우리처럼 시각 장애를 가지고 계셨다.

20대 후반 앳된 선생님은 매우 친절했고 성실했다. 남학생들이 짓궂게 까불어도 화 낸 적이 없었다. 용기 있는 그녀는 흰지팡이를 들고 혼자서 통근했다.

우연히 선생님과 마주친 저시력 학생들이 안내를 자원하며 팔을 내밀면 수줍은 몸짓으로 팔꿈치를 살며시 잡았다. 수업 시간에는 몇 번이고 학습 내용을 반복했고, 교장 선생님을 모신 자리에서 대대적인 수업 연구를 하기도 했다. 선생님은 우리나라 시각 장애인계에서 촉망받는 유망주였다. 그야말로 미래가 창창했다.

그해 6월 29일 강남 삼풍백화점이 붕괴됐다. 그 현장에 선생님이 동생 두 분과 함께 계셨다는 뉴스를 들었다. 믿을 수 없었다. 평범하기 이를 데 없던 6월 어느 날 선생님은 홀연히 우리 곁을 떠났다.

시각장애 학생들에게 선생님은 희망의 증거였다. 큰언니 같았고, 그야말로 우상이었다. 온화한 어조로 "다 할 수 있어." 하며 용기를 북돋워 주셨던 선생님이 그렇게 떠나실 줄 누가 상상이나 했을까? 정윤민 선생님이 하늘나라로 가시고 20년이 흘렀다. 그때 선생님 자매들은 동생 결혼 선물을 사려고 삼풍백화점에 갔다고 했다.

우리나라는 한동안 삼풍백화점 붕괴 사고 뉴스로 가득했다. 서울맹학교에도 각 방송사 기자들이 몰려왔고, 나도 SBS 기자 아저씨와 인터뷰를 했다. 텔레비전에 내 얼굴과 목소리가 나왔고, 선생님은 돌아가셨다고 했다. 학교 전체는 완전히 눈물바다가 되었고, 비가 주룩주룩 내렸다. 극적으로 젊은 남자와 여자가 구조되었다고 했다. 그들은 몇 날 며칠을 건물 잔해에 깔려 떨어지는 물방울로 연명했다는 보도가 숨가빴다.

온 나라가 삼풍백화점 구조 현황으로 떠들썩할 때 꿈속에서 정윤민 선생님을 만났다. 반가운 마음에 "선생님!" 하며 덥석 손을 잡았다.

"성은아, 나 안 죽었는데, 사람들이 나보고 자꾸 죽었다고 해."

가슴이 철렁했다. 정신 차려야겠다고 나를 곧추세운 순간, 그것이 꿈인 줄 알았다.

나는 지금 전북에 있는 특수학교에서 그때 정윤민 선생님께 배운 과목을 가르치고 있다. 특수교사가 되기 위해 대학교에 진학할 적에도 '삼윤 장학회'에서 장학금을 받았다. 수학능력시험 성적에 따라 대학 등록금의 일부가 지원되었다. 다름 아닌 정윤민 선생님 영혼이 깃든 장학금이었다.

당시 판사였던 선생님 아버지께서는 '윤' 자 돌림이었던 세 자매 이름을 딴 장학재단을 설립했다. 사고 보상금에 사재까지 모아 시각장애 후학을 양성하신다고 했다. 어떻게 그럴 수 있었을까? 얼마나 아프셨을까?

정윤민 선생님은 우리 곁에 없지만, 언제까지나 시각장애 학생들의 꿈으로, 희망으로, 빛으로 영원히 우리 가슴속에 살아 계실 거다. 세 딸을 잃은 뼈아픈 고통을 시각장애인들의 교육을 위해 기꺼이 헌납하신 가족들께도 깊은 감사의 마음을 전하고 싶다.

"1998년 서울맹학교를 졸업하고, 삼윤 장학회 지원을 받아 특수교육과에 진학했던 한 여학생이 중견 교사가 되어 선생님께 배운 과목을 가르치고 있습니다. 선생님처럼 훌륭한 학력도, 유순한 성품도 갖추지 못했지만, 교사로서 롤 모델이 되어 주시는 선생님을 잊지 않으려고 합니다."

　6월 말이 되면 영락없이 정윤민 선생님을 떠올릴 거다. 그리운 선생님을 추억하며, 교사로서의 '나'를 다잡는다.

반짝이는 직업의식

 지난 4월 전주 소리 문화의 전당에서 열린 '김제동 토크 콘서트'에 다녀왔다. 언변 좋기로 소문난 김제동이었지만 혼자서 3시간 남짓 단독 공연을 어떻게 끌고 갈지 궁금했다. 내심 지루하지나 않을까 염려하며 자리를 잡았다.
 1인당 10만 원에 육박하는 관람료가 기실 만만치 않은 금액이었음에도 객석은 2층까지 만원이었다. 시즌 9의 인기를 증명하듯 관객들은 어디까지나 자발적으로 비용과 시간을 투자하고 있었다.
 공연이 시작되기 전부터 카메라맨은 관객들의 표정을 생중계했고, 곳곳에서 폭소가 터졌다. 주인공이 등장하기도 전에 장내는 관객들의 열기로 달아올랐다. 김제동은 노련하고 여유 있게 무대를 채웠다. 무릎을 꿇고 앉아 헌법 전문을 줄줄이 읊기도 했고, 직접 기타를 치며 노래를 부르는가 하면, 귀가하는 관객들에게 따끈따끈한 백설기를 선사했다.

 성의 있게 관객을 대접한다는 느낌을 받았고, 무엇보다 치밀한 준비에 감탄하지 않을 수 없었다. 혼자서 무려 세 시간을 말하고 노래하는 동안 그는 한 치의 오차도 허용하지 않았다. 적어도 개그맨으로서 그의 자부심과 능력은 탁월했다. 마음만 먹으면 객석에 앉아 있는 사람 서넛 정도는 웃다가 죽게 할 수 있다고 호언장담하는 넉살도 밉지 않았다.

 세 자매가 일본 여행을 함께 했을 때 가이드는 50대 중반의 관록 있는 여성이었다. 대학 때부터 일본에서 유학했고 이제껏 수도 없이 일본을 오갔다며 전투적으로 그 나라 역사와 문화를 설파했다. 국가적으로 큰 슬픔이 된 헝가리 유람선 침몰 사고를 당한 여행사 직원이었던 만큼 가이드는 안전에 예민했다. 현지에서 우리를 마주하자마자 어떤 사고에도 여행사는 책임이 없다는 서약서에 사인을 요구했다. 그러면서 헝가리 사고 당시 가이드가 죽지 않고 살아났다면 더 큰 곤욕을 치렀을 거라는 자조도 서슴지 않았다.

 그녀는 일본어에 능통했고 해박했다. 2시간이 넘는 이동 거리를 쉴 새 없이 말할 수 있을 만큼 소재 스펙트럼이 넓었다. 30년이 넘도록 가이드 생활을 하면서 온갖 풍파를 다 겪은 처연함 같은 것이 느껴졌다. 자신감 넘치고 당당한 그녀 언변은 막힘이 없었다.

 일본이 너무 익숙해서였을까? 정작 고객들이 궁금해 하는 여행 일정 관련 질문에는 번번이 말끝을 흐렸다. 단박에 알 수 있었다. 그녀가 여행 일정을 사전에 검토하지 않았다는 것을, 숙소의 규모나 온천 설비 등에 대한 구체적 정보를 하나도 가지고 있지 않다는 사실을….

새내기라면 범할 수 없는 과오였다. 본인의 경력과 경험을 과신한 나머지 그녀는 사전 준비를 하지 않고 여행에 임했던 거다. 느슨해진 경력자의 태만함을 잘 안다. 나도 자행한 적 있는 무모하고도 아찔한 나태함이었으니까.

일본을 처음 접하는 여행객들에게 최적의 서비스를 제공하는 것이 가이드 역할 아니겠는가? 그녀는 여행객들 앞에 자신의 지식을 뽐내기 바빠 본연의 임무를 간과하고 있었다. 일행이 식사도 마치기 전에 먼저 자리를 뜨기도 했고, 노천이 어디 있는지, 어떻게 이용하는지에 대한 안내도 전혀 없었다. 답답한 나머지 일본어를 전공한 영은이가 직접 나서서 호텔 직원에게 문의했고, 그제야 우리는 겨우 부대시설에 대한 정보를 얻을 수 있었다.

《남극의 눈물》 다큐멘터리를 제작한 송인혁 PD가 쓴 책을 읽었다. 그는 황제펭귄 생태를 카메라에 담기 위해 무려 1년 동안 추운 남극에 머물렀다. 동상에 걸려서 피부 곳곳에 피가 났고 촬영에 착수하기 전 유서를 썼다고도 했다. 목숨을 담보로 한 도전이었다. 〈아마존의 눈물〉, 〈아 에베레스트〉, 대하 드라마 〈대장금〉, 〈이산〉, 〈베토벤 바이러스〉 등 감동적인 작품들은 다름 아닌 그의 피땀이었다.

송인혁 PD의 열정을 감히 흉내라도 낼 수 있을까? 김제동의 치밀한 기획과 준비, 정성과 집념, 소신과 성의를, 내 수업에 몇 프로나 쏟아봤을까? 쥐구멍이라도 있으면 당장 숨고만 싶었다.

채널 맞추기

　남편과 둘이서 동해안에 다녀왔다. 1990년대 유행가를 흥얼거리며 익산을 출발했다. 고속도로에 진입하여 충청도와 경기도를 지났다. 운전할 때마다 라디오를 즐겨 듣는 남편은 도경계를 넘어설 때마다 주파수를 맞추었다. 그렇게 하면 터널 통과할 때를 제외하고 잡음 없는 방송을 들을 수 있었다.
　낙산연수원에 도착하니 저녁 무렵이었다. 숙소에 여장을 푼 다음 근처 물치항으로 갔다. 숙소 베란다에 서면 한눈에 들어온다는, 드넓은 수평선을 상상하며 닿을 듯 말 듯 파도 가까이 다가갔다. 점점이 불빛이 박힌 까만 바다가 펼쳐져 있을 터였다.
　동해는 언제 만나도 씩씩한 군인 같다. 늠름하고, 우렁차고, 건장한 느낌이 좋았다. 어딘지 새색시처럼 아기자기한 서해와는 다른 매력에 설렜다. 남편과 우산을 쓰고 비 내리는 동해 바닷가를 걷는 기분은 그야말로 허니 버터 꿀맛이었다. 신선한 밀치와 우럭회는 하루 피로를 씻어 주었다.

딸 유주 출산 전에는 둘이서 사이좋게 우리나라 방방곡곡을 부지런히 돌아다녔다. 높고 험한 산도 마다 않는 남편 덕분에 등산의 묘미를, 여행의 즐거움을 알았다. 땀 흘리며 오른 산꼭대기에서의 커피 맛을, 천지가 이글거리게 내리쬐는 뜨거운 여름날 영월 청령포 공기를 내 어찌 잊을 수 있으랴!

신혼부부인 양 다정하게 손을 잡고 비룡폭포에 올랐다. 군데군데 얼음이 남아 있는 설악산은 거대하고 고요했다. 앞 못 보는 내가 혹여 얼음 조각을 밟을세라 남편은 내 걸음걸음을 주시했다. 흔들다리를 건넜다. 남편이 현지 조달한 나무 막대기를 지팡이 삼아 열심히 걸었다. 음악처럼 들려오는 새소리와 물소리가, 바람결에 실려 오는 향기로운 솔 냄새가 우리를 반겨 주는 것 같았다.

내 속도에 발을 맞추며 천천히 걷는 남편의 배려는 아름다웠다. 저녁에는 속초 시내에 있는 중앙시장에 들러 그 유명한 아바이순대와 오징어순대를 먹었다. 닭강정까지 한 상자 사 들고 숙소로 돌아왔다. 노곤한 피로마저 달콤했다.

다음 날 아침 낙산사에서 마주한 동해는 무심하게 철썩거렸다. 별 아쉬움도 없이 잘 가라고 인사하는 것 같았다. 강릉 순두부마을에서 점심식사를 하고는 경포대를 산책했다. 남편은 해변에 놀러 온 젊은

아가씨들의 과감한 옷차림을 신명나게 생중계했다. 속초에서 통일전망대로, 낙산사로, 경포대로 동해를 여행하는 내내 남편은 파도 소리가 가장 잘 들리는 곳으로 나를 이끌었다. 적당한 곳에 자리를 잡으면 조용히 기다려 주기도 했다. 앞 못 보는 아내 주파수를 찾아 채널을 맞추듯 그는 나를 배려했다. 나는 어땠던가?

사람마다 고유의 주파수가 있다고 가정해 보자. 개인의 성격과 취향, 환경과 가치관에 따라 세상에 오직 하나뿐인 주파수가 만들어진다. 각기 다른 개체는 부부라는 이름으로 한 몸이 되어 살아가지만, 상대방의 주파수와 채널을 정확히 알지 못한다.

불타는 사랑으로 하나가 된 부부라도 엄연한 두 채널이다. 고속도로에서 경계지를 달릴 때 라디오에 거친 잡음이 섞이는 것처럼, 신혼부부들은 크고 작은 갈등을 겪는다. 10년이 넘도록 숱하게 서로의 주파수를 찾아 헤맸다.

고마운 것은 그 힘든 시간 동안 우리가 서로의 주파수 찾는 노력을 포기하지 않았다는 점이다. 앞으로는 더 즐거운 마음으로 '남편'이라는 나라의 지역별 주파수 탐색에 정성을 기울여야겠다.

휴대폰 속에 건조하게 저장된 '남편'을 '비룡폭포'로 바꾸었다. 이 세상에서 비룡폭포 씨 말고 그 누가 나에게 날 것의 산, 바다, 바람, 나무, 사랑을 선물해 줄 수 있을까?

다섯 맹인의 번개 모임

'우리 번개가 진짜 성사될 것인가?' 내심 걱정이 되었다. 친구 유미는 인천 송도, 나는 전북 익산, 직장에 매여 있는 몸이었다. 마침 대전에서 일하고 있는 친구가 합세하기로 하여 만남 장소는 서대전역이 되었다. 하루 종일 유주와 놀면서 식사 챙기고, 학원 보내고, 청소했다. 남편 퇴근 시간에 집을 나서기는 처음이었다.

우리는 대전에서 9시가 넘어 만났고, 참치회로 늦은 저녁을 먹었다. 특수교사 대범이가 유미와 나, 그리고 허 선배를 안내했다. 식탁에 가득 차려진 음식을 일일이 배분하랴, 메뉴 설명하랴 바빴다.

오랜만에 모인 우리는 중학교 동창이다. 맹학교에서 허물없이 학창 시절을 함께했다. 서로의 가정 형편부터 소소한 흑역사까지 모르는 게 없는 죽마고우다.

모든 환경이 시각장애인을 위해 갖추어져 있는 맹학교 울타리를 벗어나 험한 세파에 시달리며 고군분투했다. 비장애인 조직에서 구성원으로서 책무를 완수하기 위해 치열했다. 서로의 피로를 누구보다 잘 알았다. 포장할 이유도, 예의를 갖출 필요도 없는 우리는 마흔이라는 나이를 잊고 어느새 맹학교 교실 안에 앉아 있었다.

나를 "성은아."로 호칭하는 사람이 익산에는 거의 없다. 연고가 없는 익산에서 직장생활로 맺어진 인연들은 대부분 선생님 혹은 집사님이나 어머님으로 호명한다. 친근하게 이름 부르며 속내를 터놓을 수 있는 중학교 동창들은 서로를 중년이라고 놀리며 깔깔거렸다. '장애'라는 묵직한 공통분모가 있어서일까? 말하지 않아도 통하는 끈끈한 공감대가 슬프기도 했지만, 말이 필요 없는 우리끼리여서 좋았다. 앞을 전혀 볼 수 없는 나와 허 선배, 낯선 공간에서는 안내가 필요한 유미를 대범이는 혼자서 인솔했다.

토요일 오후, 인파로 붐비는 대전 시내 성심당을 찾은 맹인 부대는 서로의 팔꿈치를 부여잡고 더디게 움직였다. 앉을 자리 하나 없이 꽉 들어찬 성심당에서 그 유명한 순수 롤을 하나씩 손에 넣은 우리는 근처 커피숍을 찾았다. 대범이는 우리 일행이 모두 앉을 수 있는 자리를 열심히 물색했다. 몇 군데를 돌아본 끝에야 2층에 있는 커피숍에 둘러앉았다. 각자 취향대로 주문한 메뉴 서빙은 다시 인솔자 몫이었다. 1층에서 음료를 가지고 올라와야 하는 구조였는데, 고맙게도 카페 직원이 도와주었다. 우리는 음료를 마시며 '여행'을 궁리했다.

'어디'가 아닌 나간다는 것 자체가 중요하다며 가까운 곳부터 섭렵해 보자고 입을 모았다. 다섯 맹인은 하나같이 낯선 공기에 목말라 있었다. 혼자였다면 절대 웃을 수 없을 상황이었지만, 함께여서 즐거웠다. 거북이처럼 느릿느릿 움직였어도, 이동하는 장소마다 번거롭게 장애인 콜을 예약해야 했어도, 헤어지는 시간이 아쉬웠다.

언젠가 수업 시간에 학생들에게 도종환 시인의 〈담쟁이〉 시를 소개한 일이 있다. '함께'의 위력을 생각해 볼 수 있는 작품이었는데, 우리 만남이 꼭 그랬다. 혼자였다면 내가 그 시간, 그 장소에서 지팡이를 들고 커피숍을 찾을 엄두를 냈겠는가? 카페를 찾은들 주변의 시선에서 자유롭고 느긋하게 내 시간을 누렸겠는가?

많은 작가들이 카페에서 원고 작업을 한다고 들었다. 그래서인지 나는 카페가 무턱대고 좋다. 향긋한 커피가 있고, 열린 마음들이 마주 앉아 편안하게 담소하는 여유가 그곳엔 있기 때문이다. 여행을 꿈꾸던 우리는 구체적인 일정을 잡지 못하고 헤어졌다.

테이블과 테이블 사이를 지날 땐 서로의 어깨나 가방에 의지하여 한 줄로 걸었다. 남들 시선을 잡아당기고도 남을 우리라는 것을 알았지만 신기하게도 우울하지 않았다. 유미와 나, 그리고 혜주는 다시 서대전역에서 기차를 탔다. 나는 익산으로, 친구들은 용산으로 각자 일상에 복귀했다.

익산역에서 부녀를 만나 맛있는 갈비찜을 먹었다. 야근하는 남편이 출근하고, 모녀는 귀가했다. 다시 유주 매니저 업무에 착수하여 아이를 씻기고 재웠다.

늦은 밤 카톡을 주고받으며 다음을 기약했다. 몇 걸음만 떨어져 있어도 목소리가 아니면 서로를 인지할 수 없는 처지까지 닮은 우리 만남은 그럼에도 불구하고 강력한 충전제였다.

서울살이를 그리는 시골 맹인

여름 방학을 맞아 중학교 동창들을 만났다. 접선 장소는 서울 지하철 6호선 한강진역이었다. 목동에서 신교동까지 중·고등학교를 지하철로 통학했다. 오랜만에 혼자 지하철을 타니 감회가 새로웠다. 유주를 동생 영은이에게 맡겼다. 지하철 안내 도우미를 신청하고 한강진역까지 무탈하게 착지했다. 특수교사 대범이를 만났고, 유미와 혜주가 속속 도착했다. 대범이가 공들여 계획한 일정에 따라 우리는 이태원 맛집에서 브런치를 먹었다. 여러 나라 언어들이 소란스럽게 뒤엉키는 카페에 마주 앉아 반갑게 안부를 나누었다.

뮤지컬 〈벤허〉는 웅장했다. 남자 배우들의 하모니는 장엄한 서사와 함께 관객들을 매료시켰다. 기독교 신자인 나는 노랫말 하나하나에 감동했고, 깊은 은혜를 받았다. 기립박수가 쏟아졌다. 무대를 직접 볼 수 없어 이해 안 가는 부분이 있었지만 혼신을 다한 배우들의 열연과 열창에 넘치게 감동받았다.

저녁은 모이또를 곁들인 양식이었다. 해외 출장 경험이 많은 유미가 추천하는 메뉴는 이름도 생소했다. 음식을 썰고 싸고 소스를 뿌리는 과정은 저시력인 대범이가 도와주었다.

일상에서 내 저녁 시간은 보통 이렇다. 퇴근하면 친정엄마 집에서 저녁을 먹는다. 7시쯤 귀가하면 유주 수업을 돌봐준다. 샤워를 시킨 다음 10시쯤 불을 끄고 점자 동화책을 읽어주며 아이를 재운다. 유주가 잠들면 비로소 마감이다.

오후 8시쯤의 산책은 그 자체가 일탈이었다. 외국인들로 붐비는 이태원 거리 풍경은 시골 맹인을 현혹시키기에 충분했다. 터키 음식 냄새가 골목에 가득했다. 국적을 알 수 없는 젊은이들이 살벌하게 싸움판을 벌이기도 했다.

혜주 집에서 하루 묵기로 한 우리는 작심하고 거리를 쏘다녔다. 내친김에 노래방을 찾았다. 중학교 때 애창하던 노래들을 마흔 넘은 아줌마들이 부르고 있었다. 친구들 목소리는 여전했다. 신기하게도 열다섯 살 느낌이 그대로 남아 있었다. 재미있고 흥겨운 현장에서 뜬금없이 눈물이 났다. 목청을 돋우며 재빨리 눈물을 닦았다. 내 표정을 알 리 없는 친구들은 탬버린을 흔들며 깔깔거렸다.

자정이 다 되어서야 숙소에 들었다. 편의점에서 맥주와 소주, 안주를 잔뜩 샀다. 요즘 유행한다는 깔라만시도 하나 챙겼다. 우리는 다시 둘러앉아 밤을 새우고 해가 밝도록 잠들지 않았다. 24시간을 함께한 우리는 용산구청 앞 칼국수 집에서 늦은 아침을 먹고 작별했다.

  20년 가까이 서울에서 살았지만 나는 촌뜨기가 다 되어 있었다. 지하철 도우미 앱을 활용하면 훨씬 간편하게 안내를 요청할 수 있다는 사실을 알지 못했다. 흰지팡이를 펴들고 땀을 뻘뻘 흘리며 도시철도공사에 전화 걸어 아날로그 방식으로 도우미를 요청했다. 환승 구간까지 안전하게 안내 받은 다음 같은 번호로 칭찬 민원을 접수했다.

  지하철은 쾌적하고 신속했다. 열차 주행 경로가 고정적인 지하철은 시각장애인들에게 최적의 교통수단이다. 대중교통이 발달하지 않아서 주 교통수단이 자가용인 익산 생활은 그래서 더 갑갑하다.

  다양한 스포츠 활동부터 점자책이 진열된 북카페까지 시각장애인들의 품위 있는 여가 생활이 가능한 서울에서 살고 싶다는 열망에 새삼 몸살을 앓았다. 활동 보조 인력이 많고, 건전한 복지 프로그램이 넘치고, 다채로운 문화 공연이 펼쳐지는 서울에서 살 수 있다면 얼마나 좋을까?

  월요일 아침 새벽 운동을 하고 가벼운 발걸음으로 출근했다. 상쾌한 가을바람에 깻잎 향이 실려 온다. 코스모스가 피고, 키 큰 해바라기가 고고한 자태를 뽐낸다. 집에서 몇 발자국만 나가도 드넓은 논밭이 펼쳐지는 시골 풍경은 빌딩 숲과 교통 정체에 질려 버린 서울내기에게 격한 해방감을 줬었다. 바다가 가깝고 대지가 넓고, 집값이 싸고, 구수한 사투리가 있는 곳. 무엇보다 시골은 서울보다 덜

각박한 느낌이라서 좋았다. 그랬던 내가 체계적인 복지서비스 앞에, 다채로운 문화 공연 앞에 사정없이 무너져 내렸다. 진지하게 서울 입성을 점쳐 봐도 이렇다 할 비책이 없다.

　동생 영은과 혜은이가 수도권에 둥지를 틀고 있음이 얼마나 다행인가!

　다시 교탁 앞이다. 학생들과 말하고, 웃고, 수업하고, 회의하고, 결재 받았다. 그러는 사이 내 몸은 자연스럽게 근무 모드로 세팅되었다.

잣죽과 수세미

 돈 쓰고, 시간 쓰고, 정성 쏟아서 음식물 쓰레기를 만들었다. 야심 차게 도전한 토마토소스 야채 떡볶이였지만 다 태우고 말았다. 내가 먹어봐도 맛이 없었다. 코로나19 여파로 외식이 불안해진 요즘 딸 유주에게 세 끼를 채워주기가 여간 어렵지 않다. 친정어머니와 남편이 가사 대부분을 책임져 주시지만, 나 스스로가 짊어지고 있는 요리에 대한 불편한 가책은 송곳처럼 내 마음을 들쑤신다.
 친정어머니가 아프셨다. 가족 모두가 함께 식사했는데 어머니만 탈이 났고, 밤새 설사했다. 경기도에 사는 동생들은 달려와 보지도 못한 채 발만 동동거리며 온라인으로 죽을 배달시켰다.
 이웃 동에 앓아누우신 엄마를 위해 내가 무엇을 할 수 있을까 궁리하면서 친정아버지께 전화를 드렸다. 엄마 상태가 어떠신지 여쭤

려고 했건만, 아빠 목소리도 심상치 않았다. 며칠 전부터 몸살 기운이 있다고 하시더니 올 것이 온 모양이었다. 허약 체질인 아빠 역시 침대에 누워 계신다는 걸 알고 나니까 힘이 쭉 빠졌다. 당장 동생이 보낸 죽을 받아 드실 수나 있을지 걱정이 되었다.

이번에도 엄마는 혼자 병원에 가셨다. 부축해 주는 사람 하나 없이 당신 몸 가까스로 가누며, 이를 악물었을 엄마 생각에 눈물이 났다. 하루 종일 마음이 무거웠다. 지척에 살면서도 민첩하게 부모님 수발을 들 수 없어 속이 상했다.

소고기 다진 것을 볶아서 '밥이랑' 제품과 버무려 주먹밥을 만들었다. 고맙게도 솜씨 없는 내 밥을 유주는 제법 잘 먹었다. 올리고당이 너무 많이 들어가서 본의 아니게 탕후루 떡볶이를 만들어 버린 엄마 만행을 유주는 훤히 알았으므로.

"엄마는 요치야. 노래 못하는 사람은 음치, 춤 못 추는 사람은 몸치잖아? 엄마는 요리를 못하니까 요치지."

바쁘게 딸아이를 재우고 쌓인 설거지를 했다. 자리에 누웠지만 잠이 오지 않았다. 궁리 끝에 흰죽을 쑤기로 마음먹고 유튜브를 검색했다. 눌어붙지 않게 주걱으로 살살 저어주면서 밥과 물의 비율을 1대 3으로 하여 끓이라고 되어 있었다. 부끄럽게도 이제껏 나는 가족들이 아플 때마다 유명 죽집에서 손쉽게 죽을 사다주는 정도로만 정을 표했다. 워낙 솜씨가 없으니 부엌에서 일을 벌이는 것 자체가 번번이 민폐였고, 재료만 아까웠다. 생쌀을 불렸다가 죽을 쑤어도 되는 것을 모르고 유튜브에서 소개된 대로 밥을 지어 끓이기 시작했다. 30분만 해도 충분할 것을 주걱을 꽉 쥔 채 한 시간이나 끓였다.

출근하는 아침이라서 마음이 바빴다. 단잠에 취해 있는 유주를 흔들어 깨웠다. 야근한 아빠가 들어올 때까지 30여 분 정도 아이 혼자 집에 있어야 했으므로 당부 사항이 많았다. 사과를 깎아서 아이 손에 쥐여 주고 집을 나섰다. 뜨거운 죽 냄비를 조심스럽게 쌌다.

K 활동 보조 선생님이 웬 냄비냐며 의아해하셨다. 자초지종을 말씀드리고 냄비를 엄마 집 현관 앞에 놓았다. 카톡을 확인한 엄마가 죽 잘 드셨다면서 고맙다고 하셨다. 목소리에는 기운이 없었지만 애써 밝은 톤으로 말씀하시는 것 같았다. 요령이 없어 영양죽도 아닌 고작 흰죽을 끓인 것뿐인데, 동생들까지 고생했다며 빈곤한 정성을 치켜세웠다. 마흔이 넘은 나이에 초등학생 모양으로 칭찬을 받으니 낯이 뜨거웠지만, 간신히 도리는 한 것 같았다.

분주하게 하루를 보내고 퇴근 시간이 되어 다시 K 활동 보조 선생님을 만났다. 조수석에 오르는 내게 선생님이 불쑥 보온병 하나를 건네주셨다.

"집에서 잣죽 좀 쑤어봤어요. 어머니 입에 맞으셔야 할 텐데 간이 맞으려나 모르겠어요."

순간 말문이 막혔다. 가슴이 먹먹했고, 아픈 내 어머니를 위해 누군가가 손수 음식을 만들어 주셨다는 사실이 그저 감사했다. 평생 비빌 언덕이 되어 주시는 어머니께 나는 그러지 못해서 무거웠던 마음에 한 줄기 봄바람이 부는 것 같았다. 은혜를 어찌 갚아야 할까 골몰하느라 차 안이 고요해졌다. 별것 아니라고 선생님은 말씀하셨지만, 얘기를 들은 동생들도 촉촉한 감사를 표했다.

아침은 흰죽, 저녁은 잣죽을 드신 어머니는 다행히 기운을 회복하셨다. 씩씩하게 자리를 털고 일어난 어머니가 병원에 다녀오는 길에 털실을 샀다고 하셨다. 출근하는 내게 어머니는 당신이 직접 뜨신 수세미를 색깔별로 세 개 챙겨 주셨다. 한 코 한 코 정성을 담아 두 겹으로 뜨신 감사의 징표였다.

수세미를 받으신 K 선생님은 기분 좋은 웃음으로 "잘 쓰겠습니다." 하셨다.

이참에 고소한 잣죽 쑤는 법을 배워 보아야겠다. 사랑하는 사람이 아플 때 아무것도 할 수 없는 끔찍한 고통은 단 1초도 싫다. 아픈 사람들은 입맛에도 힘이 빠져 나의 형편없는 요리 실력을 탓할 기력이 없을 거다. 뭐든 죽사발 만드는 재주가 뛰어난 내가 조심스럽게 도전해 볼 만한 메뉴로 죽은 안성맞춤이 아니겠는가?

돈으로 계산할 수 없는 사람 사이 온기가 있다. 선생님 잣죽이나 어머니 수세미는 서로의 가슴에 깊은 파동으로 남을 거다. 아름다운 관계 안에서 당신이, 내가, 우리가 더불어 정결하게 행복하면 좋겠다.

열여덟 번째 2월

2019학년도 졸업식 날 아침, 학생회장 소윤이가 나를 찾았다.
"선생님, 밤새도록 썼어요. 읽어 보세요."
점자가 찍힌 종이 두 장을 수줍게 내밀었다. 중학교 과정까지 일반 학교를 다녔던 소윤이는 우리 학교에서 3년을 공부했다. 유치원 꼬마가 한 자 한 자 한글을 익히듯 처음부터 점자를 배웠다. 남다른 의지로 영어 점자까지 섭렵한 소윤이가 한 점 한 점 고심하여 찍었을 편지에는 '선생님, 이제 매일 만날 수 없다고 생각하니까 너무 슬퍼요. 고맙습니다. 사랑합니다.'라고 씌어 있었다. 콧날이 시큰했다.
'코로나19' 사태로 가족들 입장도 허용되지 않은 조촐한 졸업식이었다. 재학생 대표 송사와 학생회장 답사가 낭독되고, 각종 상장 수여와 교가 제창으로 간소한 절차가 진행됐다.

2002년 3월 떨리는 가슴으로 교단에 섰다. 성인 학생들이 버거웠고, 선배 교사들이 어려웠다. 성격이 안 맞는 동료라 할지라도 우선은 밝게 인사해야 마땅한 신입의 기강을 미처 알지 못했다. 45분 수업을 위해 90분 이상 준비 시간이 필요했다.

익산은 내게 외딴섬이었다. 안내견 '강산이'를 제외하고 대화 나눌 친구 하나 없는 적막한 무인도였다. 동생 영은이가 아니었다면 익산 땅에 뿌리를 내리지 못했으리라.

강산이와 30분가량 걸어 출퇴근하는 길에서 사람과 마주치는 일은 거의 없었다. 대중교통이 발달하지 않은 소도시 사람들에게 자가용은 필수였으므로 그 시간에 한적한 길은 오롯이 내 차지였다. 정류장까지 인적 없는 길을 걷고 한산한 버스를 탔다. 안내 방송에 귀를 기울였다가 보육원 앞에 내리면 하루 일과가 시작됐다. 건조한 공적 관계 속에 떠있는 익산 섬은 내게 생존 이상 그 어떤 의미도 되지 못했다. 놀토에는 무조건 서울행 무궁화 열차를 탔다. 세 시간을 꼬박 의자 밑에 엎드려 있던 강산이는 영등포에 내릴 때쯤 되면 참았던 숨을 토하듯 길게 기지개를 켰다.

서울 집에서는 맛있는 식사와 개운한 사우나가 가능했다. 친구들을 만나 영화를 보러 나가기도 했고, 동생들과 동네 공원을 산책하기도 했다. 비로소 사람 사는 동네 일원으로 부활한 느낌이라고 하면 맞을까?

출근하는 토요일 오후 시간은 길기만 했다. 금강동 집에는 강산이

코 고는 소리와 녹음도서 기계음만 가득했다. 타지에 있는 친구들과 전화로 수다 떨고, 강산이랑 산책하고, 이웃 교회 꼬마들과 몇 마디 주고받으면 주일 오후가 저물었다.

 학생들보다 내가 더 방학을 손꼽았고, 방학 중에는 개학하지 않았으면 하고 바랐다. 그랬던 방학들이 쌓여서 오늘 고등부 17회 졸업생들과 작별했다.

 학교를 거쳐 간 제자들이 특수교사, 안마사가 되기도 했다. 그러는 동안 나도 가정을 꾸렸고, 아이를 낳았다. 장애인 활동 지원 제도가 마련되어 일상생활에 필요한 도움 인력을 얻었다. 유주 양육을 위해 서울 친정 부모님이 우리 아파트 이웃 동으로 이사를 오셨다.

 그뿐인가? 존경하는 신아 문예대학 스승님과 문우님들이 계시다. 속상할 때 내 얘기를 들어주는 다정한 벗들도 곁에 있다. 무엇보다 운명공동체가 된 남편이 있고, 삶의 의미가 되어 준 유주가 무럭무럭 자란다. 얼음판 같던 생존의 섬이 안온한 아랫목이 되었다.

 졸업식이 끝나고 하교 통학 차량이 교문을 빠져나가자 운동장이 텅 비었다. 또 한 학년도를 보냈다. 퇴근 준비를 하면서 선배 문우님 전화를 받았다.

 "집에 가는 길에 잠깐 들를 수 있어? 좋은 거 하나 줄게. 유주 갖다 줘."

 큰언니 같은 문우님이 친근하게 말씀하셨다. 멋진 인생 선배로 본이 되어주시는 작가님은 글만 잘 쓰시는 게 아니었다. 일하고 살림하고 아이 키우는 와중에 베이킹이라니…. 무시무시한 슈퍼우먼이었다. 출근하기 전에 구웠다면서 맛있는 파운드 케이크를 건네주셨다.

　안전한 통근을 책임져 주시는 K 활동 지원 선생님은 종종 뜨거운 차 한 잔으로 지친 내 목을 적셔 주시는가 하면 달콤한 과일을 챙겨 주신다. '선생님, 사랑해요.'라고 말해 주는 학생이 있고, 소소한 일상을 즐겁게 나누는 마음들이 있는 곳, 전북 익산은 바야흐로 정겨운 내 고향이 되었다.

제4부

두 눈을 도둑맞았지만

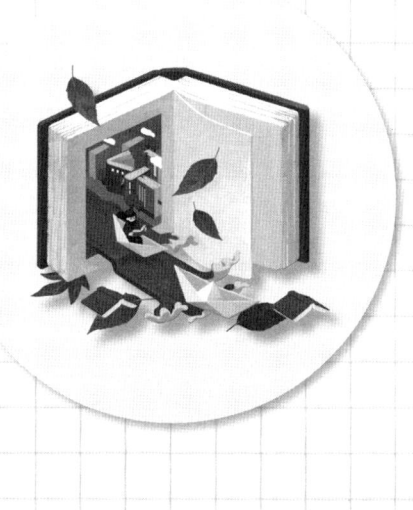

램프의 요정이 나에게 묻는다면

 눈을 감고 살면서 종종 받게 되는 질문 중 하나가 꿈을 꿀 때는 어떻게 보이느냐는 것이다. 선천적으로 시각장애인이 된 것이 아니라 성장 과정에서 점진적으로 시력이 저하된 경우이고 보니 나를 처음 대하는 사람들은 궁금한 것이 많은가 보다.
 대학 다니며 자취할 때도 사람들은 대부분 밥은 어떻게 해 먹는지, 빨래는 어떻게 하는지, 자못 신기해했다.
 나의 눈은 손이다. 때로는 두 귀가 눈을 대신하기도 한다. 쌀을 씻어 밥을 안치는 일은 굳이 눈이 아닌 손으로도 충분하다. 흐르는 물에 쌀을 깨끗하게 씻은 다음 손등 위가 자작해지도록 물을 맞춘다. 전기밥솥에 전원을 넣고 취사 버튼만 누르면 끝이다. 무척 간단한 조작이다.

빨래 역시 마찬가지다. 옷감 재질에 따라 빨랫감을 분류한 다음, 빨래망에 옷들을 정리하여 넣고 세탁기를 가동하면 그만이다. 청소 역시 청소기를 사용하면 특별히 어렵지 않다. 물론 눈 밝은 사람들만큼 구석구석 깔끔하게 집안일을 처리하지 못하는 경우도 있다. 내 손에 직접 닿지 않으면 버젓이 한 자리를 차지하고 앉은 쓰레기를 끝까지 모르고 지나가는 일도 종종 있다. 그렇게 나는 두 손과 귀를 십분 활용하며 사라진 눈을 보상하려고 애쓴다.

 그렇다면 사람들이 궁금해 하는 꿈은 어떨까? 그 질문을 받기 전에는 미처 인식하지 못했다.

 나는 평소 꿈을 잘 꾸지 않는다. 그래서 위 질문에 해답을 찾는데 꽤 오랜 시간이 필요했다. 궁금증을 갖고 열심히 의식해 봤다. 암흑인 것 같았다. 배경이 바다든 산이든 수묵화 같은 어두운색과 이미지 없는 목소리만 기억났다. 꿈에서라도 해상도 높고 오색찬란한 영상이 펼쳐지면 좋으련만….

 초등학교 2학년 때부터 눈 수술을 받았다. 어린 마음에 습관처럼 식사 기도를 했다.

 "하나님 맛있는 음식 주셔서 감사합니다. 이 음식 먹고 제 눈 빨리 낫게 해 주세요!"

 성장하면서 계속 교회에 다녔지만, 언제부턴가 식사 전 기도가 사라졌다. 문득 깨닫고는 식사 기도를 시도해 봤다. 20년도 넘게 지난 시절 입에서 주문처럼 웅얼거리던 그 대사가 자연스럽게 흘러나왔다. 웃음이 났다. 열 살 어린 김성은을 서른여덟 된 내가 꼭 안아 위로해 주고 싶었다.

 이제 나는 바라지 않는다. 헛된 바람을 껴안고 사는 것이 얼마나 힘 빠지는 일인지 아는 어른이 되었으므로….

 고요한 새벽 홀연히 램프의 요정이 나타나서 나에게 단 한 가지 소원을 묻는다면? 기꺼이 주문하리라. 지치고 힘들 때, 스스로가 대견하다고 느껴질 때, 나에게 선물할 큼직한 티라미스 케이크 한 조각을.

캄캄해도 잘 보는 엄마

　내 눈은 빛도 감별 못 한다. 그리하여 일상생활 속에 별다른 조명 기구가 필요 없다. 시력이 점점 저하되던 학창 시절, 기숙사에서 생활했다. 어두운 방에서 자연스럽게 숙제하고 청소하는 선배들 모습이 낯설었다. 가까스로 눈앞의 사물을 구분하며 독립 보행이 가능했던 그 시절, 나는 밝은 야외에서 어두운 실내로 들어왔을 때나, 해가 저문 밤거리 보행이 몹시 불편했다. 그럼에도 일상생활 속에 조명은 필요했다.
　같은 시각장애인이라도 빛을 감지할 수 있는 사람과 완전 암흑을 사는 이들의 생활패턴은 사뭇 다르다. 명암 구분이라도 가능한 준맹인은 밤이 되면 집안에 환히 불을 밝힐 수 있지만, 나와 같은 전맹인은 조명상태를 일일이 기억해야 한다. 자칫하면 몇 날 며칠 불을 켜 둔 채 지낼 위험이 크다. 다년간의 경험에 비추어 전기 낭비를 예방하고자 자취하던 대학 시절부터 수시로 전기 전원을 확인했다. 지금이야 가족들과 함께 생활하고 있으니 실수로 며칠씩이나 에너지를 낭비할 걱정은 없다. 최근 출시되는 전기 제품은 터치 방식으로 설계된 것이 대부분이다. 똑딱하는 스위치는 만져보면 얼마든지 조명 상태를 확인할 수 있지만, 터치식은 또 속수무책이다. 그야말로 산 넘어 산이다. 우리 집도 보일러는 물론 거실의 전기 스위치가 모두 터치 방식이다. 아파트 현관을 들어서는 보안 키패드도 터치스크린이라 전용 카드 없이는 집에 들어갈 수 없다.

미혼일 때에는 불이 켜졌는지 꺼졌는지만 확인하면 되었다. 하지만 아이를 낳고 나서는 문제가 달랐다. 유주가 100일도 되기 전 기억이다. 잠에서 깬 아이가 갑작스럽게 울어서 당황한 일이 있었다. 아무리 달래도 아이가 울음을 그치지 않았다. 이상했다.

친정 아버지가 전등을 켜자 아기는 거짓말처럼 울음을 뚝 그쳤다. 미안했다. 불 켜 달라고 그렇게 운 것을 알아채지 못한 내 신세가 서글펐다. 그날 이후 조명상태 점검에 더욱 만전을 기했다.

일곱 살 유주는 이제 엄마에게 불이 켜져 있는지 아닌지 가르쳐주는 입장이 되었다. 키도 제법 자라 스스로 조명 기구를 조작한다.

혼자 일할 때면 굳이 불을 켜지 않는다. 절약도 되지만 불을 켜는 행위 자체가 귀찮아서다. 불을 끈 채 화장실에서 빨래할 때면 친정어머니는 굳이 불을 켜고 불을 켰다는 것을 꼭 일러 주신다. 손재주가 뛰어난 남편이 온 집안의 스위치를 뚝딱거리더니 순식간에 내가 만져서 사용할 수 있는 모양으로 바꾸어 놓았다. 불을 켜는 쪽에 입체 스티커를 붙여 두는 센스까지 완벽했다. 덕분에 우리 집 조명은 내 손 안에 있다.

동탄신도시로 이사한 혜은 집에 놀러 갔다. 화장실에서 손을 씻고 있는데, 문밖에서 웅성대는 소리가 들려왔다.

"화장실에 누구 있어? 불이 꺼져 있는데?"

막내 제부 목소리였다. 유주가 말했다.

"이모부, 우리 엄마는 캄캄해도 잘 보여요."

또랑또랑한 유주 목소리에 아픈 웃음을 깨물었다. 나는 '어둠 속에서 잘 보는 엄마'다. 잠들기 전 불을 끈 채 읽어주는 점자 동화책이 유주 꿈을, 상상력을, 미래를 환하게 밝혀주면 좋겠다.

당신들의 발자취

월요일 아침, 상쾌한 가을바람을 양껏 들이마신다. '코로나19' 사태로 온라인 예배를 드리게 된 이후로 주말 외출이 더 뜸해졌다. 바쁜 시간표 속으로 출근하는 월요일 아침은 그래서 내게 '환기'의 느낌으로 다가온다.

현재 직장에 몸담은 것은 2002년 3월이었다. 연고 없는 지방에서 안내견과 함께 사회 조직에 첫발을 들였다. 토요일도 출근했고, 휴일 일직도 있었다. 일요일이면 직원들이 돌아가면서 빈 학교를 지켰다. 보완 장치를 풀고 주요 건물들의 안전 상태를 확인한 다음 자리를 정리하면 법인 시설에 기거하는 학생들이 교무실로 놀러 왔다. 수업 중에는 나눌 수 없는 개인 상담도, 정다운 대화도 그 시간에는 가능했다. 동생 같던 여고생들이 놀러 오면 눈 깜짝할 사이 퇴근 시간이 되었다.

　장애인 활동 보조 지원제도가 없던 그때 내 주식은 배달 음식과 인스턴트 식품 일색이었다. 요리에 재능도 흥미도 없었지만 크게 불편하지 않았다. 혼자 몸으로 먹고 싶을 때 대충 때웠고, 먹기 싫으면 건너뛰었다. 위경련이나 위염으로 번번이 병원 신세를 졌다.

　대학을 졸업하고 바로 취업한 내게 선배 교사들은 무턱대고 부담스럽거나 두려운 존재였다. 사근사근한 성격도 못되는 데다가 전맹으로 사회 경험 폭이 넓지 않았던 나로서는 동료들과의 유대 관계를 구축하는 게 풀기 어려운 숙제 같았다.

　또래 교사가 없는 환경에서 내성적인 내가 살아남는 방법이 무엇일지 사실 완벽하게 무지했다. 꾸역꾸역 출근했고, 방학을 손꼽아 기다렸다. 서울 본가에서 윤택하고 자유롭게 생활할 수 있는 기간에만 살아 있는 것 같았다. 업무에도, 사회 적응에도 나는 미숙했다.

　교무부장님은 워킹맘이었다. 맹학교 교사답게 목소리가 쩌렁쩌렁했다. 함께 15년 정도 근무했다. 초등학생 아들이 소풍 가는 날이면 교무실 탁자 위에 먹음직스러운 김밥 접시가 펼쳐졌다. 맥주와 커피를 좋아했고, 따끔한 충고를 서슴지 않았다. 열무김치를 처음 담가 봤다며 불쑥 김치통을 내밀기도 했고, 한사코 운전을 마다하다가 친구가 떠넘긴 티코에 나를 태워주기도 했다. 조수석에는 아들을, 뒷좌석에는 나를 태우고 달달 떨던 그녀가 생각난다.

　언제까지나 한 울타리 안에 일할 수 있을 것 같던 그녀가 갑자기

하늘나라로 떠났다. 간암이었다. 진단받고, 입원하고, 수술하고 상황은 매우 급박했다. 작별 인사도 나누지 못한 채 그녀를 보냈다. 장지로 떠나는 마지막 길, 청년이 된 아들이 엄마 영정 사진을 들고 학교에 들렀다. 청명한 10월 어느 가을날이었다.

2020학년도를 살고 있는 나는 워킹맘이고 점심시간이면 어김없이 초등학생 딸아이 하교를 확인한다. 부장이 되었고, 교문 안에 후배 교사들이 더 많아졌다. 그때나 지금이나 행동반경은 넓지 않다. 다만 세월만큼 발효된 관계가, 환경이 내 시공간을 밀도 높게 압축시켰다.

추운 겨울, 집에도 못 가고 혼자 근무할 때면 잊지 않고 전화를 주셨다. 특별한 용건도 없이 매번 싱겁게 "선생님, 점심은 먹었어?" 했다. 그때부터 지금까지 나는 첫 직장에 머물러 있다. 이제는 토요일에 출근하지 않고, 주말 일직도 없다. 장애인 활동 보조 제도 덕에 안전한 통근 교통편이 마련되었다. 중도 실명하여 뒤늦게 입학한 성인 학생들과 허물없이 농담을 주고받을 수 있는 40대가 되었다. 8시 30분부터 5시 퇴근까지 빈틈없는 하루가 흘러간다. 무한 반복될 것 같은 일상이지만 그 누구도 내일을 보증할 수 없다.

결혼식을 앞두고 시댁의 반대가 극심했을 때, 고심 끝에 임신했을 때, 안내견 강산이가 하늘나라로 떠났을 때 그녀는 나를 안아 주었다. 졸업한 제자들을 집에 초대해서 손수 만든 음식을 대접하는 정많은 선생님이었다. 늦은 밤 회식 자리에서 그녀와 얘기를 나누다가 터져 버린 눈물을 주체하지 못해 당황했던 기억도 있다. 나는 그 옛날 교무부장님처럼 후배들에게 거침없는 쓴 소리를, 식사 안부를 살갑게 챙겨주지 못하는 무채색 지인이다. 그래서인지 그녀의 또렷한 감정선이 가슴에 남아 있다. 누군가를 알게 되고 가까워지고 오해하고 이해하고 좋아하기까지 나는 꽤 긴 시간이 필요한 사람이다. 그렇게 마음에 담은 인연은 쉬 지워지지 않는다. 떠난 후에야 아프게 남는 그리움이라서 더 먹먹할까.

첫 직장은 소중한 인연을, 월요일 아침 출발의 기운을, 엄중한 책무를, 꿀 같은 급여를, 직업인으로서의 정체성을 부여했다. 내 안에 단단한 성곽이 된 일터에서 행복의 가치와 의미가 맑은 물처럼 흘러갔으면 좋겠다. 내 삶도 누군가의 가슴에 진한 여운으로 남을 수 있기를⋯.

장영희 교수 에세이를 읽었다. 곁에서 조근조근 대화하듯 그녀의 삶과 생각을 배웠다. 위로받고 다시 시작해볼 용기를 얻었다. 교수님 생전에 직접 만나 뵐 기회가 있었다면 얼마나 좋았을까! 그녀가 남긴 저서들은 언제까지고 살아서 독자들 가슴 가슴에 감동 불씨가 되리라. 존재를 오감으로 감각할 수 없어도 시공간을 초월하는 기록은 그래서 더 큰 힘이 아닐까?

안내견 강산이를 그리며

　오늘은 일직 근무 날이다. 학생들이 없고 종소리마저 사라진 텅 빈 학교는 사뭇 다른 느낌이다. 느슨한 마음으로 아침에 출근하는데 법인 내 시설 국장님과 마주쳤다. 시설에서 생활하는 '새희'가 안내견을 분양받고 싶어 한다며 조언을 요청했다.

　교내 건물을 순회하며 층층이 창문을 열어 환기하고, 가장 높은 층에 비치된 점검표에 체크하고 교무실에 들어와 앉았다. 한숨 돌리려니, 노크 소리가 들렸다. 군산대학교에서 성악을 전공하고 있는 졸업생 새희가 들어섰다.

　"선생님 강산이랑 지내실 때 많이 힘드셨어요? 저 안내견 받고 싶은데 지금은 시설에 있으니 아무래도 힘들겠지요? 내일 에버랜드로 안내견 체험 가려고 하거든요."

새희는 오랜 시간 고심한 듯 보였다.

"선생님이 안내견과 함께 생활했을 때 가장 힘들었던 것이 '털'이었어. 사실 적잖이 빠지거든. 솔직히 우리는 눈에 보이지 않으니 의식 않고 생활할 수 있지만, 주변에 있는 사람들의 동의나 설득이 필요한 경우가 종종 있어."

"그래도 저 안내견 너무 받고 싶어요. 안내견과 있으면 든든하기도 하고, 자유롭기도 하고, 외롭지도 않을 것 같아요."

"새희가 독립적인 공간을 갖게 되면 그때 안내견이 진짜 필요할 것 같아. 공동생활 환경에서는 아무래도 무리일 것 같구나."

2002년부터 2007년까지 안내견 강산이와 단둘이 살았다. 익산에 취업하고 독립된 공간에서 홀로서기를 시작했을 때 강산이는 내게 둘도 없는 친구요, 보호자였다. 강산이는 명석했다. 학교나 교회처럼 고정적으로 오가는 장소는 별도의 명령 없이도 목적지만 말하면 정확하게 안내했다.

털 때문에 동료 카풀은 힘들었다. 40분을 걸어야 닿을 수 있는 버스 정류장까지 가서 시내버스로 통근했다. 7시면 어김없이 집을 나섰다.

퇴근 후 한적한 거리를 조용히 걸어 귀가할 때면 전에는 몰랐던 바람의 촉감과 새소리, 풀냄새가 느껴졌다. 흰지팡이를 들고 걸을 때와는 차원이 다른 안정감으로 둘만의 호젓한 산책을 즐겼다. 기동성 좋고 방향 잡기가 수월한 안내견 보행은 겁쟁이 맹인에게 산책의 진수를 알려 주었다.

　고된 직장생활에서 심신이 지칠 때에도 강산이와 고요히 산책했다. 요술처럼 혼란한 감정이 수습되었다. 언제든 신발 신고 밖으로 나설 수 있는 자유는 강산이가 준 가장 큰 선물이었다.

　안내견은 보통 주인 명령에 따라 움직인다. "앞으로, 엎드려, 계단 찾아, 문 찾아, 앉아, 기다려, 건널목 찾아, 똑바로" 등 안내견과의 호흡을 맞추기까지는 4주 훈련 과정이 필요하다. 익숙해지면 운전 솜씨 뛰어난 드라이버처럼 매끄럽게 보폭을 맞춰 걸을 수 있다.

　강산이는 차도남 스타일로 무작정 도도했다. 보행 시 안내견들은 하네스와 목줄을 반드시 착용해야 한다. 주인은 주기적인 프리런을 통해 고마운 안내견에게 해방감을 선사한다. 편안한 공간을 마련하여 모든 안전 장비를 풀고 신나게 뛰노는 시간을 만들어 준다. 강산이는 프리런 할 때조차 내 다리에 딱 붙어 움직이지 않는 녀석이었다. 멍멍이였지만 절대 핥지도 않았고, 손을 달라 하면 처음 한 번만 주는 우아한 견공이었다.

　사료에 잘게 부순 알약을 섞어 주면 밥은 폭풍 흡입하면서도 작은 알약 조각은 보란 듯이 남겨 놓았다. 동물 병원에서 멀찍이 떨어진 곳에 주차를 해봐도 용케 알아채고는 차에서 꼼짝 않으며 그 큰 덩치로 버티기 선수였다. 누나에게 애인이 생긴 것을 알고 야멸차게 남자 친구를 외면했다. 아무리 친해지려고 노력해도 강산이는 남편을 썩 따르지 않았다. 우리가 결혼을 하면서 은퇴한 강산이는 강아지 시절 사회화 훈련을 해 주신 퍼피 워커* 엄마 품에서 안락한 노후를 누렸다.

강산이는 2015년 3월 24일 하늘나라로 떠났다. 워킹맘이 되어 바쁘게 산다는 핑계로 나는 그 고마운 녀석을 한 번 꼭 안아 주지도 못한 채 먼 곳으로 보냈다. 뼈아픈 눈물을 쏟았지만, 후회는 부질없었다. 강산이는 숨을 쉬지 않았다.

장례식을 치르고 강산이 명패를 안내견 학교 기념비에 붙였다. 숭고한 생을 살고 간 선배 안내견들과 오순도순 행복하기를 빌었다. 하늘에서는 먹고 싶은 것도, 하고 싶은 말도 다 하라고, 배변도 편히 하고 마음껏 뛰놀면서 누나 눈 노릇 하느라 이승에서 못한 것들 다 즐기라고 기도했다.

2020년 대한민국에는 안내견 사용자 여성 국회의원이 의정 활동을 하고 있다. 자연 그녀와 함께 생활하는 안내견도 메스컴에 종종 등장한다. 그녀의 빛나는 활약을 통해 이 나라에도 보다 성숙한 시민 의식이, 장애인 인식 개선이, 안내견 문화가 정착되길 바란다.

---

* 퍼피워킹: 안내견 후보 강아지를 일반 가정에 1년간 위탁하여 사회화 교육하는 과정.

헛심 쓰지 않기

　오늘은 안내견 강산이가 하늘나라로 떠난 날이다. 2년 전 3월 24일이었다.
　누나와 단둘이 살던 곳에 낯선 남자 등장이 영 내키지 않았던 모양으로 강산이는 형을 썩 달가워하지 않았다. 남편이 밝은 미소로 인사를 건네도 녀석은 야멸차게 고개를 돌렸다. 처음 만났을 때엔 검문하듯 남편 주변을 한 바퀴 휘돌며 킁킁거렸다.
　어느 새벽, 아파트 현관 바로 앞에 불법 주차된 트럭에 부딪혀 치아를 다친 일이 있었다. 잠결에 강산이 배변을 빨리 해결해 주고 싶은 마음으로 서두른 걸음이었는데 상처는 생각보다 컸다. 사람들이 다닐 수 없도록 아예 길을 막아 둔 트럭 주인에게 분통이 터졌지만 별 도리가 없었다. 부러져 버린 앞니 뿌리를 제거하여 겨우 치아를 사용했다.

며칠 전 문제의 치아가 갑자기 흔들려 급히 치과에 갔다. 임플란트밖에는 방도가 없다고 했다. 앞니이고 윗니라서 수술이 제법 까다롭다고도 했다.

수술이 끝나고 실밥을 제거하기까지 나는 그 부위에 칫솔 닿는 것이 무서웠다. 양치할 때마다 손에 힘을 빼 최대한 환부에 자극이 가지 않도록 주의했다. 부드럽게 칫솔질하게 된 뒤에야 새삼 양치질에 많은 힘이 필요치 않다는 사실을 알 수 있었다. 의식적으로 힘 빼는 연습을 하자 한 결 수월했다. 잇몸에 상처도 생기지 않았다.

나는 왜 양치질할 때마다 손에 잔뜩 힘을 주고 안 만들어도 될 상처로 아파했을까? 유주가 세 살쯤 되었을 때, 저명한 소아정신과 의사에게 우울한 심경을 상담한 일이 있었다. 좋은 엄마가 되고 싶은 열망이 너무 강한 나머지 스스로가 극심한 스트레스를 받고 있다는 진단이 나왔다.

양치질할 때 필요 이상으로 손에 힘을 주어 상처를 만들었던 것처럼 열망에 기인한 허기를 채우고자 헛심 쓰며 살아온 나를 발견했다. 좋은 엄마가 되고 싶은 열망, 어디든 내 발로 훌쩍 떠날 수 있는 몸이고 싶은 욕망, 남편에게 그 어떤 부채감 느끼지 않을 건강한 여자이고 싶은 갈망은 나를 살게 하는 힘이었지만 동시에 어두운 그림자이기도 했다.

좋은 시를 쓰기 위해서는 온몸에 힘을 다 뺀 채 흘러가듯 마음을 비워야 한다고 배우지 않았던가? '불편하지 않았다면….'으로 시작되는 푸념과 원망은 아무 소용 없다. 사납게 잇몸을 상하게 했던 양치질만큼이나 아둔한 처사다. 단 한 번 허락된 생이다. 나를 다른 사람에 견주어 비교하고 상처받고, 부러워만 하다가 끝낼 수는 없지 않겠는가?

강산이는 여전히 누나를 위로한다. 뻣뻣하게 긴장되고, 차갑게 얼어붙은 내 마음을 녹여준다. 커다란 덩치가 무릎에 와서 앉을 때, 기골이 장대한 얼굴을 씻기고 양치시켰던 감촉이 아직도 생생하니까.

치약을 말끔하게 먹어 치웠던 강산이를 추억하며 하루 세 번 공들여 양치질한다. 오른손에 힘을 빼며 '헛심 쓰지 않기'를 다짐한다.

플루트 소리로 남은 내 친구, 강산이

흰지팡이를 들고 잔뜩 긴장한 채 집을 나섰다. 안내견 강산이가 은퇴하고 꼼짝없이 집안에 발이 묶였다. 밥 먹을 때, 남편이 곁에 있을 때도 눈물이 났다. 강산이와 둘이서 느긋하게 산책하는 것이 익산 생활의 유일한 낙이었다. 피아노 학원에 다니면서 좋아하는 가요를 배워 연주했던 취미도 강산이가 있어 가능했다.

신혼 생활이 달콤했지만, 강산이와의 고요하고 자유로운 산책은 한 인간에게 필요한 지극히 사적인 휴식이었다. 힘들어하는 나를 위해 남편은 자전거를 태워주었고 공기 좋은 야외로 나들이를 나가기도 했다.

하루는 흰지팡이를 손에 쥐고 강산이와 걷던 길로 나가 보았다. 머리 위에 하늘을, 바깥바람을 감촉하고 싶었다. 나 대신 방향을 잡아 주고 안전하게 안내해 주던 강산이가 없으니 방향을 잡는 것도,

주변의 위험을 감지하는 것도 오롯이 내 몫이었다. 무엇보다 집 앞 4차선 도로에서 쌩쌩 달리는 차들이 다 나를 향한 것 같아 지팡이 쥔 손에 땀이 흥건했다. 도저히 앞으로 나갈 용기가 나지 않았다. 강산이랑은 거의 뛰다시피 걷던 길이었지만 혼자서는 몇 발짝도 힘들었다.

겨우 방향을 되돌려 다시 집으로 올라왔다. 10분도 안 되는, 집 앞 상가 수준을 벗어날 수 없는 내 보행능력이 한탄스러웠다. 강산이와 함께일 때는 단 1분 만에 주파한 거리였다. 온몸이 뻣뻣하게 굳어서 더 이상은 밖에 나갈 엄두가 나지 않았다. 그냥 집안에 눌러앉아 운동 기구를 붙들고 미친 듯 땀 흘리는 것이 내가 할 수 있는 유일한 저항이었다.

교대근무를 하는 남편이 졸린 눈을 비비며 나를 위한 시간을 만들어 주었지만 내 고통을 그에게 전가시키거나 의존할 수는 없었다. 너무 답답했고 우울했다. 내게 산책은 운동 그 이상의 의미였고 호흡이었기에 강산이와의 오붓한 걸음걸음이 못 견디게 그리웠다. 기동력을 상실한 맹인은 점점 짜증이 늘었다. 몸에는 군살이 붙었고 마음에는 감정의 응어리가 쌓였다. 그대로는 안 될 것 같았다.

궁리 끝에 거금을 들여서 플루트를 하나 장만했다. 마침 성과급을 받은 터였다. 강산이에게 그동안 고마웠다고, 누나가 플루트 열심히 배워서 아름다운 연주 들려주겠다고 마음으로 약속했다. 소리 내는 것만도 힘에 부쳤다.

매주 화요일 7시가 되면 선생님이 우리 집에 왔다. 호흡이 달리고 팔이 아팠다. 악기를 들고 있는 자세도 불안정하게 흔들렸다. 내가 혼자서도 악기를 잘 조립할 수 있도록 또래 여선생님은 매니큐어를 플루트에 찍어 양각점을 표시해 주었다.

강산이 빈자리가 플루트 소리로 채워졌다. 퇴근하면 쇳소리 나는 악기를 들고 한 시간씩 씨름했다. 손가락에 필요 이상 힘이 들어갔다. 〈에델바이스〉를 시작으로 〈언덕 위의 집〉, 〈샹젤리제〉 등 한 곡 한 곡 익힐 때마다 재미가 붙었다. 선율 고운 플루트 연주 음원에 귀를 기울이고 있으면 마음까지 차분해졌다. 바이브레이션이 살아 있는 연주를 하고 싶어 듣고 불고를 반복했다.

남편이 야근하는 날 저녁이면 화장실에 갈 때도, 잠자리에 들 때도 강산이가 내 뒤를 졸졸 따라다녔다. 강산이 발소리가, 천하 태평한 숨소리가, 할짝할짝 물 마시는 소리가, 코 고는 소리가, 잠꼬대 하는 소리가, 육중한 덩치를 철퍼덕 방바닥에 부려 놓는 소리가 들리는 듯했다. 지정된 실외 장소에서 시원하게 쾌변하고 깡총거리던 녀석의 몸짓이, 맹렬한 속도로 밥을 먹다가 내가 몰래 섞어 놓은 작은 알약 두 개를 정확하게 남기던 얄미운 반항도 생각났다.

플루트는 요술 같았다. 강산이가 남기고 간 빈자리에 눈물 대신 미소가 피어나고 있었으니까. 여전히 답답했고 힘들었으나 플루트에 몰두하고 나면 나를 원 없이 소진한 것 같았다. 그 느낌만으로 뭔가 치유 받은 기분이 되기도 했다.

동생 결혼식에서 축가를 연주하고 싶다는 새로운 목표가 내 의지에 불을 댕겼다. 막연한 바람은 심장 떨리는 추억이 되었다. 그렇게 강산이는 가슴에 사무치는 보석으로 남았다.

컴퓨터 정리를 하다가 우연히 선생님과 함께 연주한 〈사랑으로〉 녹음 파일을 발견했다. 손에서 악기를 놓은 지 10년이 넘었으니 그 소리가 아득할밖에…. 강산이가 은퇴하고 몇 날 며칠 눈물바람 했던 날들이 떠올랐다. 열심히 플루트 불며 견뎌냈던 그날들이 아련했다.

유주가 유치원에 다니던 어느 봄날 강산이가 하늘나라로 떠났다. 3월 24일이었고, 나는 학교에 있었다. 많이 그리워했으면서 정작 살아 있는 강산이를 만나러 가지 못했다.

"내가 살아가는 동안에 할 일이 또 하나 있지. 바람 부는 벌판에 서 있어도 나는 외롭지 않아."

강산이만큼은 내 외로움도 답답함도 다 알고 있을 것 같다. 둘이서 걸었던 그 길, 그 바람, 그 향기를 지금도 생생하게 기억하고 있으니까. 폭신한 구름 속에 길게 누워서 아래 세상을 구경하다가 내가 보이면 반가운 얼굴로 살랑살랑 꼬리를 흔들어 줄 것 같다. 강산이 아니었다면 플루트를 배울 엄두도 못 냈을 거다. 녀석은 내게 처음부터 끝까지 선물이었다.

플루트를 꺼냈다. 색깔이 변색되고 그립감도 생소했다. 〈에델바이스〉도 가물가물했다. 바쁘게 사느라 까맣게 잊었던 플루트가, 강산이가 학부형이 된 내게 반갑게 인사하고 있었다.

동화책에서 배우다

 딸 유주와 즐거운 겨울 방학을 보내고 있다. 남편이 배구장에서 직접 받아온 공을 가지고 거실에서 놀다가 이마에 정통으로 강펀치를 맞았다. 아프니까 나도 모르게 "나 안 해!" 볼멘소리가 튀어 나갔다. 유주는 그 작은 가슴으로 내 얼굴을 안고서 몇 번이나 사과했다. 코피가 터질지도 모른다고 주의를 약속하고는 2회전을 시작했다. 소리에만 의존해서 수비했다. 공을 주고받는 시간보다 찾는 시간이 길었음에도 아이는 즐거워했다.
 오후에는 유주도 피아노 가랴, 태권도 배우랴 바쁘다. 1주일에 두 번은 9시에 등교하여 로봇 과학 수업을 듣는다. 학기 중에는 전쟁터를 방불케 하는 우리 집 아침 풍경이 방학하고 180도 변했다. 유주는 침대에 누워 늑장을 부린다. 이불 속에서 꼼지락거리던 아이가 일어나 세수를 하면 느긋하게 아침상을 차린다.

유주에게 야채를 먹이기 위해 고안해낸 방법으로 식사가 시작된다. 김에 브로콜리며 멸치며 장조림을 고루고루 넣어 밥을 싼다. 안에 무엇이 들어있는지 모르는 유주는 텔레비전에 정신을 팔고 앉아 엄마가 입에 넣어 주는 김밥을 오물거린다.

저녁 먹고 샤워를 시키면 유주가 동화책을 주문한다. 《네가 해줘 캣봇》을 읽었다. 고양이 마을에 사는 뽀글 털 박사님은 물고기 잡는 로봇을 발명한다. 고양이들은 꼼짝하지 않고도 얼마든지 물고기를 먹을 수 있게 된다. 마을은 금세 뚱뚱한 고양이와 썩은 물고기로 넘쳐난다.

어느 날 고양이 마을은 무시무시한 태풍에 휩쓸려 폐허가 된다. 나태해질 대로 나태해진 고양이들은 성난 파도와 바람에 고스란히 터전을 잃는다. 구사일생으로 살아남은 주인공 얼룩이는 고향을 잃고 떠돌다 결국 자기 마을로 돌아오고, 슬프게 생을 마감한다.

탄력 없는 생활은 썩은 생선 같다. 남녀노소를 불문하고 사람은 어느 정도의 긴장과 규율이 반드시 필요한 존재가 아닐까? 출근하지 않아도 되는 평일 아침은 완벽한 선물이다. 부모가 되고 나서는 집이 제2의 근무처가 되었다. 결혼 전에는 시간 맞춰 끼니 챙길 일 없이 마냥 게을러져도 좋았다. 오롯이 내 자유 의지로 계획했고 실패했다.

가정을 이루고 나서부터 바른생활은 일종의 의무가 되었다. 남편

근무 주기에 맞춰 생활했고, 모든 선택 기준은 아이가 되었다. 의지 박약인 나에게 유주는 초강력 각성제다. 쉬는 날에도 유주가 일어나는 시간이면 어김없이 아침을 먹을 수 있게 준비한다. 숙제며 학원이며 간식을 촘촘하게 살핀다. 아이 매니저 노릇을 하다 보면 학교에서 일하는 것보다 더 긴장된 시간을 사는 느낌이다.

졸고 있는 학생을 귀신같이 잡아내면 학생들은 깜짝 놀라며 되묻는다.

"선생님, 눈 보이시지요?"

의기소침해 있는 학생에게 긍정 에너지를 펌핑 하거나 전문 지식을 전달하는 일에는 어느 정도 완급 조절이 가능하다. 하지만 집에서 유주를 돌보는 일은 차원이 다르다. 처음 하는 엄마 노릇에 유주의 변화무쌍한 언행은 항상 나를 긴장시킨다. 안전에 대한 염려나 미처 감지하지 못할 변수가 나를 불안하게 만든다. 육아에 있어 유주 아빠와 친정 부모님은 눈감은 내게 구세주나 다름없다.

캣봇을 발명하기 위해 뽀글 털 박사님은 열정을 쏟으며 연구하고 몰입했다. 획기적인 캣봇은 고양이들을 열광시켰으나 마을 전체 생활의 활력을 앗아갔다.

1월 한복판에서 계절제 학교가 시작됐다. 정규 수업 아닌 보충 수업으로 만나는 학생들은 남다른 열정으로 출석한다. 한없이 게을러져도 좋을 그 시간에 굳이 보충 심화 학습을 선택한 학생들이 멋지다.

환경을 정비하는 것, 썩은 냄새가 나지 않도록 나를 관리하는 것,

몸과 마음을 깔끔하게 청소하고, 우물 안 개구리가 되지 않도록 날선 긴장감을 유지하는 활동은 나를 살아 있게 한다. 학기 중 전쟁 같은 아침이 있기에, 방학 기간의 여유가 달콤할 수 있지 않겠는가?

  캣봇에게 모든 노동을 전가한 대가로 무기력에 빠진 고양이 이야기를 기억하자. 편리함만이, 풍족함만이 인간의 생활을 윤택하게 할 수 없다는 사실을 동화책에서 배웠다. 오늘의 생각 동화는《사자 탈의 비밀》이다. 이 책 속에는 또 어떤 교훈이 숨어 있을까?

모녀 연필 대전

"안 던졌어. 엄마는 아무것도 모르면서."

유주는 억울하다는 듯 통곡했고, 나는 맞받았다.

"안 던졌으면 네가 똑바로 설명해. 왜 이 연필이 여기 있어?"

며칠을 주시했다. 받아쓰기하다가 한숨을 푹 쉬며 지우개를 던지기에 내심 놀랐다. 평소 보이지 않던 행동이었고, 요즘 들어 부쩍 '싫어.'라는 말을 입에 달고 살았다. 지구상에서 폭력과 강요는 사라져야 한다는 소신을 품은 나지만, 아이를 훈육하는 데 잔소리는 필요악이었다.

〈조선미의 우리 가족 심리 상담소, 서천석의 아이와 나〉 같은 팟캐스트 방송을 애청했다. 고민 상담 사연을 보내기도 하며 열심히 공부했다. 육아에 있어서 이론과 실제는 명백히 달랐다. 번번이 감정적인 반응으로 아이를 대하고, 후회하는 순간들이 쌓여갔다.

 인격자가 되기 위해서는 감정을 깎아내고, 문제의 인과 관계를 정확하게 파악하여 이성적으로 대처하는 능력이 필요하다고 했다. 글을 쓰고, 책을 읽으면서 나에게 부족한 침착성을 기르고자 부단히도 노력했다. 유난히 유주에게 내 감정은 취약하다. 마음의 빚 때문일까? 엄마 장애로 인해 유주가 체감할 물리적인 공백은 명징할 것이므로.

 아이를 낳고 건강한 엄마 정체성을 가지지 못해 괴로웠다. 하지만 부모로서 아이를 바르게 양육해야 하는 책무는 결코 감정의 영역일 수 없지 않겠는가?

 유주는 손발이 매우 민첩하다. 율동과 만들기를 즐기고, 수업 시간에도 번쩍번쩍 손부터 들고 보는 행동파다. 기다리는 것을 무척 괴로워하고, 긴 문장을 이해해야 하는 국어 과목보다는 명쾌하게 정답이 떨어지는 수학 문제 풀기를 좋아한다. 혼자 다닐 때도 노래를 흥얼거리고, 태권도를, 떡볶이를, 꿀닭을 사랑하는 개구쟁이다. 아이 학습에 보탬이 되고자 수학 연산과 받아쓰기를 놀이처럼 함께 했다.

 실명하고는 연필 잡을 일이 없었다. 글씨체도 엉망이고 맞춤법이 헷갈릴 때도 종종 있다. 승부욕이 동해서인지 유주도 게임하듯 재잘재잘 정답을 적어나간다. 그렇게 친구 같은 엄마를 자처했다.

 "결국, 친구도 엄마도 아니게 되지요."

 조선미 박사의 한마디가 아프게 꽂혔다.

거실에서 깍두기 공책에 받아쓰기를 할 때였다. 남편은 방에서 텔레비전을 보고 있었다. 공부상을 사이에 두고 마주 앉아 받아쓰기 문제를 불렀다. 유주는 몇 번 같은 글자를 틀려 짜증이 난 터였다. 바르게 쓸 때까지 기다리며 문제를 반복해 주었다. 그런데 이 녀석이 한숨을 푹 쉬며 연필을 던지는 게 아닌가? 분명 연필이 마주 앉은 내 무릎 앞에 떨어졌다.

안 되겠다 싶어 엄하게 꾸짖었다. 유주는 안 던졌다며 악을 쓰고 울어댔다. 두 귀로도 아이 행동은 감지할 수 있었다. 던지는 행동에 대해 이미 몇 번 경고한 적이 있었으므로, 그냥 물러설 수 없었다. 몇 분간 모녀는 팽팽하게 대치했다. 유주는 끝내 던지지 않았다며 방 안에 있는 아빠 품을 파고들었다.

"아빠, 난 안 던졌는데 엄마가 자꾸만 던졌대."

"엄마는 눈이 안 보이잖아?"

혹여 내가 잘못 짚은 것이었더라도 중립적인 입장에서 얘기할 수는 없었을까? 방 안에서 들려온 부녀 대화에 마음이 무너졌다. 그들이 남이었다면 쓴웃음 한 번으로 깨끗하게 상황 종료를 선언했을 거다.

유주가 전투 원인을 '엄마 장애'로 치부해 버리지나 않았을까 조바심이 일었다. 결혼 전에 연인은 시각장애인에 대한 예의를 말했던 사람이었다. 뭐 별다른 의도가 있었겠는가?

기탄 수학 연산 문제지를 샀다. 한 장 한 장 풀린 것을 정확하게 채점해 주고 싶어 출근할 때마다 챙겼다. K 활동 보조 선생님께 채

점을 부탁드렸다. 때로는 사부님까지 동원되어 아이 눈앞에 결과를 피드백 했다. 그 과정에서 유주가 숫자 4를 9처럼, 6을 0처럼 쓴다는 것도 알았다. 보통 사람이 2분이면 해결할 것을 나는 몇 단계를 거쳐야만 가능했다. 그렇게 세 권을 풀렸다.

　3학년이 된 유주는 저녁마다 아빠 선생님과 수학을 공부한다. 덕분에 연필을 던진 건지 아닌지 실랑이할 일 따위는 없어졌다.

　훈육의 원칙은 어디까지나 담백한 대처다. 군더더기 없이 깔끔하고 단호하게 유주가 취할 행동을 제시해 주자. 그것이 엄마 책무다.

편견이란 유리 같은 것

 맹학생들에게 최고의 놀이터는 단연 노래방이다. 중학교 때 〈사랑이란 유리같은 것〉이 애창곡이었다. 잔잔한 멜로디에 서정적인 가사가 마음에 들었다.

 초등학교에 입학할 무렵 각막염 진단을 받았다. 고등학교 2학년까지 시력은 점점 나빠지기만 했다. 실명에 이르게 되면서 삶의 목표이자 기준은 '보통 사람'이 되었다. 대학생 때 유행했던 천리안, 하이텔 같은 PC 통신으로는 여느 또래 친구들처럼 채팅을 했다. 겁도 없이 번개팅에도 참여하며, 최대한 평범한 대학생 문화를 향유하려고 노력했다. 그런가 하면 복지관에서 진행하는 영어 회화를 비롯한 각종 체험 프로그램에 열심히 참여했다. 어떤 경험이든 직접 해보려고 안간힘 썼다. 장애인 스키캠프에 병영체험까지 가리지 않았다.

24세 2월에 대학을 졸업했다. 운 좋게도 그해 3월 취업했다. 조직의 쓴맛에 눈물, 콧물 흘리며 한 3년간은 전에 없던 위경련으로 내시경 검사를 받았다.

연고 없는 익산 땅에서 안내견案內犬 강산이와 함께 오직 둘만의 맵고 쓰고 달고 짠 추억을 만들었다.

나는 특수교사다. 적어도 학교 울타리 안에서는 '장애인'이 아닌 '선생님'으로 스스로를 인식할 수 있다. 하지만 교문 밖을 나서는 순간부터 사정은 달라진다.

2007년부터 우리나라에서는 장애인 활동 지원제도를 시행하고 있다. 덕분에 장애인들이 이동하거나 사회 활동할 때 든든한 도움 인력을 제공 받게 되었다. 현재 나는 아주 긍정적이고 운전 솜씨 매끄러운 활동 지원인 도움을 받아 통근한다. 매일 아침저녁으로 들려주시는 S 선생님의 인생관이나 생활 이야기는 매우 흥미롭고 유익하다.

며칠 전 일이다. 차에 타자마자 선생님이 바쁘게 이야기보따리를 풀었다. 그녀가 단골로 가는 구두 수선방 얘기였다. 주인은 다리를 약간 저는 소아마비 장애인 아저씨였단다. 평소 구두 수선할 일이 있을 때면 먹을거리도 챙겨서 가지고 갔다. 지인들에게 구두방을 소개하며 모객도 돕고, 비 오는 날 가게가 쉰다는 표지판을 직접 만들어서 붙여 주기도 했더란다. 어디까지나 순수한 선의였다.

"앞으로 식사도 하고, 좀 더 친하게 지냈으면 좋겠어요. 우리 사귀어 보자고요!"

고맙다며 식사라도 한 끼 하자는 말에 거절을 표했는데….

"진짜 어이없지 않아? 그거 몸도 불편하고 해서 좋은 마음으로 좀 챙겨줬더니 나 참. 기가 막혀서…. 아니 사람을 뭘로 보고?"

그녀 기분을 이해했다. 남자들 수작이라는 것에 한숨이 나오기도 했다.

"어이없네요. 가정 있는 줄 뻔히 알 텐데…."

"아니, 가정이 있는 것도 있는 거지만, 웃기지 않아? 정말 병신이 꼴값한다고. 어디 몸도 성치 않은 것이…."

선생님보다 더 힘든 사람도 많다며 긍정적으로 살라고 했다. 비장애인인 유주 아빠에게 주눅 들지 말고 떳떳하게 살라고도 했다.

"선생님이 뭐가 모자라? 돈을 못 벌어? 공부를 못했어? 신랑한테 주눅 들지 말고 할 말은 하고 살아. 돈도 쓰고 비싼 것도 사 먹고…."

내가 살면서 겪는 사소한 애로 사항을 하소연할라치면 진심으로 안타까워해 주시던 분이었기에 그 한마디가 더 서늘하게 느껴졌을까?

'나를 보면서도 그런 생각 했을까? 겉으로 따뜻하게 대해주면서 속마음 깊은 곳에는 장애인에 대한 멸시가 숨어 꿈틀대고 있었을까? 혹 나를 그런 시선으로 바라보며 비웃지는 않았을까?'

비장애인 동료 교사가 집에서 베란다 유리문이 닫힌 것을 모르고 진짜 제대로 박치기 했다는 얘기를 듣고 웃었다.

"아니 나야 눈을 감았으니 여기저기 부딪히고 다닌다지만 선생님은 뭐야?"

편견은 꼭 유리 같다. 너무 맑고 투명해서 언뜻 보면 없는 것처럼 보이지만, 막상 부딪히고 나면 그 실체가 선명하게 드러난다. 장애가 있어서인지 '편견'이란 단어를 가만히 씹어볼 때가 종종 있다. 언제나 뒷맛은 쓰지만, 기필코 그놈 앞에 나약해지고 싶지는 않다.

S 선생님 덕분에 오랫동안 잊고 살던 애창곡을 떠올렸다.

"정말 몰랐어요. 사랑이란 유리 같은 것. 아름답게 빛나지만… 그토록 사랑했던 내 영혼은 지금 어두운 그림자뿐임을…."

우리 집을 찾아서

초임 교사 시절, 초등 1학년 새희 가창 반주자 업무를 맡았다. 교외 대회 때마다 피아노 반주자로 동행했다.

본격적으로 입시를 준비하면서 피아노와 멀어졌지만, 교사로서 내게 주어진 업무는 어떤 방식으로든 소화해 내야 했다. 궁리 끝에 저녁 시간에 수강할 수 있는 작은 피아노 교습소를 찾아냈고 꾸준히 지도 받았다. 독창 반주에 혹여 실수라도 하면 어쩌나 조바심치며 남몰래 우황청심환을 삼켰다.

그 무렵 나는 시각장애인협회에서 운행하는 복지 차량을 이용하여 통근했다. 가을향기 물씬 풍기는 10월 어느 날 퇴근길이었다. 목적지를 '학원'이라고 말하며 차량에 탑승했다. 시각장애인 협회 직원으로 평소 친밀한 기사님은 익숙한 동작으로 우리를 목적지에 내려놓았다. 그런데 강산이가 자꾸만 명령과는 다른 방향으로 나를 이끄는 게 아닌가? 분명 그곳은 학원 앞이었다. 굳이 내가 생각하는 방향으로 강산이를 돌려세웠다. 녀석은 몇 번 자신의 방향을 고집하더니 체념한 듯 돌아섰다. 이상했다.

피아노 학원 앞에서 내리게 되면 왼쪽으로 직진해야 우리 집에 닿는다. 내 머릿속에 입력된 지도에 집중하며 나는 열심히 왼쪽으로 걸어 내려갔지만, 느낌이 달랐다. 아무래도 낯선 길인 것 같았다. 인도의 높낮이와 건널목의 위치도, 블록의 형태도 어딘가 달랐다. 내 생각으로는 분명히 이 방향이어야 집에 갈 수 있었고, 틀림없이 나는 피아노 학원 앞에서 내린 터였다.

학원에서 집에 가는 길은 매우 단조롭다. 왼쪽으로 직진하여 세 블록 지나면 네거리가 나오고, 그곳에서 오른쪽으로 꺾어 그대로 진행한다. 그렇게 또 세 블록 걸으면 우리 아파트가 있었다. 그런데 아무리 걸어도 네거리가 나오지 않았다. 인도의 높낮이가 달랐고, 난데없이 꽤 넓은 도로를 지나는 것도 같았다. 아무래도 뭐가 크게 잘못되었구나 하는 느낌과 함께 덜컥 겁이 났다.

오후 6시가 넘은 늦가을, 주위가 어둑해지는 시간이었고, 인적이 드문 시골길에는 개미 한 마리 없었다. 전화를 걸어서 도움을 청하고 싶어도 당장 내가 서 있는 곳이 어디인지 알 도리가 없었다. 등에서 진땀이 흐르고 다리가 후들거렸다. 그 자리에 멈춰 섰다. 방금 지나온 길이 도로인 것 같았다. 당황하니 방향 감각은 멍텅구리가 되어버렸다.

뒤로 돌아 걸어온 길을 되짚어갈 요량으로 발을 뗐다. 불안한 심장은 두방망이질 치는데, 후드득 빗방울까지 떨어졌다. 그야말로 진퇴양난이었다. 도로를 오른쪽에 끼고 천천히 걷고 있자니 자동차 한 대가 섰다. 기사 아저씨는 창문을 내리고 목적지가 어디인지를 물었다.

"혹시 신흥 4거리 쪽으로 가는 거 아니세요? 제가 그 근처에서 아가씨를 몇 번 봤거든요. 타세요. 데려다 드릴게요. 여긴 거기와는 거리가 멉니다."

눈물이 쏟아질 것 같았다. 의심해 볼 겨를도 없었다. 그분 도움이라도 받지 않으면 영영 집에 갈 수 없을 것 같았다. 30대 젊은 목소리였고, 어투도 매우 친절했다. 어떻게 여기까지 왔느냐고, 여기는 그곳과 거리가 제법 멀다며, 의아해했다.

은인은 우리를 정확히 우리 집 앞에 내려주었다. 경황이 없어 어떻게 답례해야 할지 여쭙지도 못한 채 차 문을 닫았다. 집에 들어와 시계를 보니 저녁 7시가 넘어있었다. 파김치가 되어 그대로 현관 바닥에 주저앉았다. 퍼뜩 정신을 차리고 서둘러 강산이 밥을 주고 나서 곰곰 생각해 보았다.

좀처럼 실수하지 않는 강산이는 차량에서 내려 능숙하게 나를 안내했다. 맞다!

바로 그 지점이 우리 집 앞이었던 거다. 강산이는 집으로 들어가지 않고 엉뚱한 길로 가자는 주인이 얼마나 답답했을까? 시각장애인협회 차량 기사님께 확인 전화를 걸었다. 태평한 목소리로 집 앞에 나를 내려주었노라고 말했다. 학원가는 거였냐고, 몰랐다며 심상하게 사과하는 그분이 야속하기만 했다.

 만약 착한 아저씨의 도움이 없었다면, 거기가 어디인 줄도 모르고 어두운 밤길을 걷던 내가 사고라도 당했더라면…. 그날의 기억은 10년이 지난 지금 떠올려도 등골이 오싹하다.

 〈익산시 금강동 신흥 4거리 근처에서 오래전 가을밤 시각장애인 여자와 안내견을 집까지 태워다 주신 30대 남성분, 진심으로 감사드립니다. 인상착의도 차종도 알 도리 없어 이렇게나마 마음을 전합니다. 당신 도움이 아니었다면 저는 큰 위험에 처했을지도 모르겠습니다. 목숨이 위태로웠을 수도, 인적 없는 시골 도로에서 무방비로 험한 일을 당했을 수도 있지 않았겠어요? 함께 있는 강산이는 똑똑한 친구였지만 말을 할 수 없었고, 저는 위치 추적이 어려운 그곳의 지리적 정보를 전혀 알 수 없었습니다. 평생 잊지 않겠습니다. 당신의 그 선의가 한 시각장애인 여성에게는 사막 한복판에서 만난 오아시스보다 더 강력한 구원의 손길이었음을… 당신의 안녕을 위해서 오래오래 기도하겠습니다. 그날 정말 고마웠습니다.〉

일이 내게 가르쳐준 것들

특수교사의 길

 나는 98학번이다. 대구대학교 특수교육과에 진학한 이유는 '선택의 여지가 없어서'였다. 대학에서는 새 학기가 되면 으레 신입생 대면식을 했다. 내가 1학년일 때는 특수교육에 뜻을 두고 다른 분야에서 일하다 다시 수능을 봐서 재입학한 동기가 있었다. 천진한 장애 아이들의 미소가 예뻐서 특수교육을 택했다는 친구도 있었다. 해가 갈수록 신입생들의 입학 동기는 점점 건조해졌다. 취업이 잘된다고 해서 왔다는 친구들이 심심찮게 보였다. 학과 공부 양이 많아질수록 내 곁에서 소소하게 도움을 주던 친구들의 손길이 뜸해졌다.
 내가 일하고 있는 특수학교에는 단순 시각장애뿐 아니라 의사소통이나 일상생활이 불가능한 중복장애 친구들이 있다. 놀라운 것은 이 친구들도 자신들을 예뻐하는 사람과 그렇지 않은 사람을 기민하게 알아챘다는 사실이다.

2018학년도에는 요가동아리반에서 초등 저학년 친구들과 활동했다. 딸아이 유주와 비슷한 또래지만 모두가 의사소통이 어렵거나 신변처리가 불가능했다. 미은이는 노래를 무척 좋아하여 두 시간 내내 동요를 흥얼거린다. 〈아기돼지〉부터 〈송아지〉까지 레퍼토리도 다양하다. 분명하지 않은 발음으로 신명나게 박수치고, 나와 한 소절씩 박자를 맞춰가며 동요 한 곡을 완창하기도 했다.

그런데 이 녀석이 한참 노래를 부르다가는 돌연 손톱을 세우고 내 손을 꼬집는 것이 아닌가? 처음에는 조금 황당했다. 꼬집힌 손등이 아프기도 했지만, 너무나 분명하게 공격 의지를 드러내는 아이의 행동이 납득되지 않아서였다. 잠시 고민하다가 잘못된 행동은 수정하는 것이 맞겠다는 판단에 엄한 목소리로 야단을 쳤다. 그랬더니 이번에는 입을 벌리면서 나를 물려고 달려드는 것이 아닌가! 곁에 있던 선생님들이 다급하게 아이를 진정시키고서야 교실 안은 잠잠해졌다.

고등부 직업 교과를 가르치는 나는 어린 학생들을 접할 기회가 많지 않다. 동아리 시간에 실제로 목격하는 초등 선생님들의 수고는 장애가 있는 나로서도 입이 떡 벌어질 지경이다. 식욕이 왕성한 아이들의 대소변 기저귀를 하루에도 몇 번씩 갈고, 학생들의 문제 행동을 제어하다가 물리고 뜯기고 그야말로 전쟁터가 따로 없다.

지적장애 특수학교에서 공격적 성향이 강한 학생에게 남자 교사를 배치하거나 임신한 여교사의 경우 최대한 안전할 수 있게 배려하는 풍토는 자연스러웠다. 하지만 시각장애 특수학교에서 20대 중반 새내기 선생님들이 이토록 험한 일을 씩씩하게 해내고 있을 줄이야. 몸에 생긴 상처에 대해 대수롭지 않게 이야기하는 새내기 여 선생님들 수다에 내심 놀랐다. 겉모습을 치장하는 데 소중한 시간과 물질을 분별없이 허비하는 젊은이들이 요즘 얼마나 많던가?

　인간에 대한 사랑을 담보로 해야 하는 특수교사의 길을 택하고 용감하게 소임을 다하고 있는 신규 선생님들 앞에 나의 가난한 동기가 부끄러워졌다. 내가 시각장애인이 아니었다면, 과연 특수교사라는 직업에 흥미를 가졌을까?

　오늘은 중복장애가 심한 친구들과 4교시에 만났다. 의사소통이 되지 않으니 표정을 볼 수 없는 입장에서 솔직히 난감하다. 학생들 이름을 한 명 한 명 부르며 인사했다. 함께 퍼즐을 맞추고, 친구들 각자가 좋아하는 물건을 기억했다가 깜짝 선물을 해보기도 했다.

　학창 시절 우리 반에도 중복장애 친구가 있었다. 순기는 영어사전을 달달 외웠고, 서울역을 유난히 좋아했다. 성인이 되어서는 복지시설에서 기거한다는 소식을 들었다. 재활 훈련이 아예 불가능할 만큼 장애가 중한 경우라면 응당 사회보호가 필요하다. 하지만 겨자씨만큼이라도 훈련의 여지가 있다면 문제는 다르지 않을까?

　반복적인 훈련으로 커피 바리스타를 양성하고, 도예나 비누공예 활동을 통해 생산적 인력으로 우리 아이들을 거듭나게 하는 특수교육은 실로 경이롭다.

　나는 특수교육의 수혜자요, 공급자. 비록 수동적인 마음으로 특수교사가 되었지만 사춘기를 떠올리게 하는, 100% 공감을 나눌 수 있는 학생들과 함께여서 다행이다. 미래에 대한 불안으로, 진로에 대한 고민으로 혼란스러워하는 학생들에게 내 삶이 작은 참고서적 정도는 될 수 있지 않을까?

　어쩌면 나에게는 여느 특수교사와는 다른 특별한 책무가 하나 더 있을지도 모르겠다. 보통 사람으로서 영위할 수 있는 삶의 궤적을 정상적으로 밟아가는 것.

　지금 이 순간에도 중증 장애아들과 동고동락하는 특수교사와 사회복지사들에게 감사와 응원의 박수를 보낸다. 특수교사라는 직업을 택해 불편한 아이들의 미래를 열어주고, 때로는 따뜻한 위로로, 때로는 엄격한 훈육으로 함께 땀 흘리는 그들은 분명 특별한 사명자다. 하늘은 알리라. 그들의 고충과 노고를, 고독과 인내를….

아픔은 아픔을 위로하고

 월요일이다. 6교시 수업을 목청껏 지도하고 나면 거의 파김치가 된다. 오늘은 야자 감독까지 있어 참으로 긴 하루다. 내가 근무하는 학교는 특수학교로 시각장애인을 가르치는 교육기관이다. 교과서는 모두 점자 혹은 확대교과서이고, 각종 보조 공학기기들로 교실 안은 빼곡하다.
 점자 노트북이라고 할 수 있는 한소네를 비롯하여 각종 텍스트를 음성으로 변환해서 읽어 주는 책마루, 작은 글씨를 확대하여 저시력 학생들이 학습하기 편하도록 고안된 확대 독서기까지 종류도 다양하다.
 우리 학교는 유치부부터 전공과 과정까지 운영된다. 성인 학생과 학령기 학생들이 한 울타리 안에서 교육 받다 보니 생각지도 못한 애로사항이 발생할 때도 있다. 반면 대가족 사회에서만 배울 수 있는 문화나 예절 등을 어린 학생들이 자연스럽게 체득하게 되는 이점도 있다.

일반적으로 시각장애인들은 우리 학교와 같은 국가 공인 교육기관에서 2년 내지는 3년 과정의 교육을 이수한 다음, 안마사 자격증을 취득한다. 학령기 학생들은 보통 대학 진학을 준비하여 넓은 세상에 진출하기를 꿈꾸지만, 성인 학생들의 경우 대부분은 하루라도 빨리 안마사 자격증을 취득하여 경제생활을 영위하기 원한다.

가르치는 교과가 직업과 직결되다 보니 성인 학생들은 학구열이 매우 뜨겁다. 수업에 임하는 자세도 진지하다. 어린아이가 걸음마를 배우듯 한 글자 한 글자 점자를 익히거나, 컴퓨터 조작법을 배우는 모습은 실로 눈물겹다.

수업을 하다 보면 학생들 개인적인 경험담에 서로 동병상련의 아픔을 공감할 때가 있다. 가령 실명하고 난 뒤 자녀들이 엄마인 자신을 부끄러워한다는 사실을 인지한 순간이라든지, 동네 사람들이 장애인 아버지와 함께 사는 어린 아들을 붙들고 너도 나도 훈계를 일삼는 통에 잘 자라고 있는 아이를 괜히 혼란스럽게 만든다. 거스름돈을 잘 못 받거나 제 값 주고 산 꽃이 다 시든 것이었음을 뒤늦게 알았을 때, 청소가 안 된 방을 버젓이 깨끗하다고 거짓말하는 사람들의 태연하고도 의도적인 속임수를 모르는 척 지나쳐야 할 때 등 답답한 순간은 이루 다 헤아릴 수 없다.

안마ㆍ마사지ㆍ지압 수업 시간에 저시력인 여자 성인 학생이 물었다.

"선생님은 딸아이 얼굴 보고 싶지 않으세요? 그래도 선생님은 나아요. 저 같은 경우는 엄마가 보이다가 안 보이니까 아이들이 더 혼란스러워하고 엄마를 부끄러워하는 것 같아요. 선생님 아이는 적어도 그런 것은 없잖아요? 아이나 사부님이나 선생님을 만났을 때 이미 선생님이 시각장애인이었으니까. 게다가 선생님은 경제력도 있고 직장도 탄탄하잖아요?"

옆에 있던 남자 성인 학생이 반박했다.

"그건 아니지. 우리야 새끼들 얼굴도 봤고, 각시 얼굴도 알지만 선생님은 아니잖아."

"그런가? 그래도 우리는 멀쩡하게 살다가 이렇게 되어 자식들 사춘기일 때 상실감도 더 크고, 적어도 선생님은 시작부터가…."

듣고 있자니 쓴웃음이 나왔다. 누가 더 불쌍한 사람인지 앞다투어 자기가 1등이라고 목청을 돋우는 것 같았다.

"경민 씨, 얘기 들으며 생각해 보니까. 내가 1등인 것 같아. 안 그래요? 앞으로도 볼 수 있다는 희망이 없고, 바로 곁에 있어도 주변이 시끄러우면 내 새끼를 못 찾는데 얼마나 불쌍해? 글쎄 교회 체육 대회에 갔다가 다른 아이를 우리 유주인 줄 알고 막 안으려고 한 거지. 그 아이 엄마도 당황해서 자기 아이라고 그러는데, 정말 민망하더라고요.(웃음) 그리고 또 한 가지, 나는 솔직히 남편 얼굴은 한 번도 보고 싶다는 생각 안 해 봤거든. 그런데 딸아이는 다르더라고. 보고 싶어요."

한껏 가벼운 어조로 이야기했는데 돌연 분위기가 숙연해졌다. 건강한 사회인으로 보편적인 삶을 누리던 성인들에게 실명이라는 사건은 절체절명의 위기가 맞다. 피해의식에서 헤어나지 못하고 힘들어 하는 학생들에게 가벼운 농담처럼 내밀한 나만의 고충을 토로하고 나면 학생들은 더 이상 징징거리지 않는다. 심지어 씩씩해지기도 한다. 조금씩 단단해지는 학생들을 지켜보며 특수교사로서 보람을 느끼는지 모르겠다.

학교는 하루하루가 무척 숨가쁘다. 사회적으로 소외되고 상처가 많은 우리 학생들이 다시금 자신이 인생의 주인공이라는 사실을 깨닫고, '나'라는 감옥에서 벗어나 바깥세상을 향해 한 발짝 내딛을 수 있는 용기가 만들어지는 곳, 그곳이 바로 우리 학교다.

나는 시각장애 중증 중년 여성이고, 앞으로도 험한 세상을 눈 감은 채 살아가야 한다. 두려움도 크고, 남몰래 흘리는 눈물도 뼈아프지만, 나 역시 우리 학생들에게 위로 받을 때가 많다. 불완전한 눈으로도 서로를 돕고, 형편이 나은 학생이 더 못 보는 학생을 세심하게 안내할 줄 아는 맹학생들은 '함께'의 힘을 안다. 늦은 밤까지 교실 불을 밝힌 채 진학을 준비하는 녀석들 미래가 반짝이는 별처럼 빛났으면 좋겠다.

때 묻지 않은 너희와 함께

"수인이 주말에 뭐 했어요?"

"클로버 하고 놀았어요."

클로버는 인공 지능 스피커로 손가락 소근육 운동이 불편한 수인이가 듣고 싶은 노래를 말로 주문하면 친절하게 들려주는 고마운 친구다.

"교회도 다녀왔어요?"

"네, 교회 갔다가 이모랑 카페에서 핫초코 먹었어요."

수인이는 고등부 2학년이다. 노래하는 것을 무척 좋아한다. 하기 싫은 점자 공부도 곡을 붙여 부르면 금세 박수치며 흥겹게 리듬을 탄다. 내친김에 찬양을 틀어주면 "아멘"을 외치며 즉석 부흥회가 시작된다.

2020학년도 고등부 2학년 교실에서는 총 일곱 학생들이 공부하고 있다. 세 학생은 앞을 전혀 볼 수 없고 네 학생은 저시력인데, 모두가 시각장애에 뇌성마비 또는 지적장애를 중복으로 지니고 있다. 선재는 말을 하지 못하지만 뽀로로와 카봇을 좋아한다. "새앵님." 하며 선생님을 찾는 선재가 가장 또렷하게 발음하는 단어는 '엄마'다. 아침에 엄마가 챙겨주신 자동차를 하루 종일 만지작거리며 자랑하고 숨긴다. 엄마가 주신 장난감은 절대 그 누구에게도 양보하지 않는다. 책상 서랍이나 가방 속 등 안전한 곳에 넣어 놓고 철통 사수한다.

운철 씨는 학부형 나이지만 법인 시설에 기거하며 선재 옆자리에서 공부한다. 묻는 말에 들릴락 말락 한 목소리로 짧게 대답할 줄 아는 운철 씨는 대체로 얌전하다. 화장실에 갈 때를 제외하고는 자리에서 일어서지 않는 운철 씨가 갑자기 벌떡 일어나서 양손을 허우적거리며 다급하게 무언가를 찾는다. 의아한 우리가 "왜?" 하고 물으면, "초코파이가 없어졌어." 한다. 어느 땐 초콜릿이 없어지고 신발도 없어지고 새우깡도 없어진다. 하루 종일 조용하게 있던 운철 씨의 존재감이 빛을 발하는 순간이다.

영례 씨도 학부형 나이로 법인 시설에 거주한다. 말을 전혀 못 해서 나와는 친해지기 힘든 조건이지만 다채로운 표정으로 자신의 의사를 분명히 표현한다. 특히 자기 물건의 위치가 조금이라도 흐트러지는 것에 알레르기 반응을 보인다. 한 번 토라지면 기본 2시간은 간다.

빈은 전맹인데 말까지 하지 못한다. 똑같은 하루가 지루하고 짜증 스러울 법도 한데 흥얼흥얼 구슬 꿰기를 즐긴다. 솜씨도 좋고 성격도 좋다.

예원이는 소문난 얼짱이다. 액세서리를 좋아해서 목걸이며 반지며 머리핀까지 챙길 것이 많다. 지적장애가 있지만 무척 밝다. 수인이가 화장실에 갈 때마다 따라다니며 방향을 잡아 주고, 공부하기 싫다고 소리 지르며 떼쓰면 야무지게 잔소리한다. 아직 한글을 깨치지 못해서 단어 중심 받아쓰기를 연습하는 중인데 종종 '매미'를 '미매'로 '풍선'을 '선풍'으로 쓴다. 쉬는 시간에 내가 잠깐 통화하면 딸내미냐고 궁금해 하고, 예원이 엄마 얘기도 들려준다. 월요일 1교시를 시작할 때면 어김없이 주말 드라마 〈한 번 다녀왔습니다〉 속 빅뉴스를 얘기해 준다. 오늘은 극 중 누군가가 임신했다는 소식을 전해 줬다.

점자를 공부하던 수인이가 갑자기 손톱을 세우더니 내 손을 힘주어 눌렀다. 공부하기 싫을 때 수인이는 보통 건물이 떠나가라 소리를 지르며 한바탕 소란을 피운다. 울고불고 소리치다가 선생님을 밀기도 하고 복도까지 나가서 이웃 교실 수업에 지장을 주기도 한다. 하여 이수인은 우리 학교에서 못 말리는 유명 인사다.

능청스럽게 애교를 부릴 때면 앵무새처럼 반복한다.

"수인이 점자 공부 잘할 거예요. 선생님 말씀 잘 들을 거예요. 꼬집지 않을 거예요. 반말 안 할 거예요."

물거품 같은 약속이므로 이제는 아무도 믿지 않는다. 문제는 다짐을 연발하는 수인이조차 애초에 약속을 지킬 마음이 없다는 사실이다. 텅 빈 다짐을 반복하는 아이에게 나는 무엇을 해줄 수 있을까?

"이수인 지금 뭐 했어?"

"선생님 꼬집었어요."

"일부러 꼬집은 게 맞구나. 왜 그랬어?"

"점자 공부하기 싫어서요."

수인이는 본인이 하지 말아야 할 행동을 조목조목 잘 알고 있다. 패턴화 되어 버린 문제 행동을 어떻게 하면 바로 잡아줄 수 있을까? 가장 확실하고 신속한 방법은 강압적인 분위기에서 체벌하는 거다. 학생과의 인격적 관계를 담보로 한다면 휴대폰으로 소액 결제하듯 간편하다.

이수인이 내 손을 꼬집었을 때 화는 반사 작용이었다. 그 다음은 이 행동까지 패턴화 되어 버릴까 하는 염려가 엄습했다. 긍정적 행동지원을 원칙으로 학생에게 정적 강화를 제공하며 끈기 있게 관찰함으로써 문제 행동을 수정해야 한다고 배웠다. 수인이가 좋아하는 노래를 들려주고, 기분을 살펴주고, 아픈 다리를 안마해 줘도 아이가 손톱을 세울 때면 속절없이 맥이 풀린다. 제자리걸음 같을 때 막막해진다.

생각해 보면 알면서도 번번이 저지르는 과오가 내게도 얼마나 많앉던가? 운동이며 공부며 다이어트며 독서 습관까지 넘지 말아야 할 선을 넘었다. 자주 야식을 먹었고, 드라마를 끊지 못했으며, 아침 운동을 걸렀던 날들이 그야말로 새털 같았다. 태평하게 다람쥐 쳇바퀴를 돈 건 이수인만이 아니었다.

　방향을 잡아 보자. 어디에 있어도 정확한 기준만 있다면 적어도 우리가 살아가는 데에 마이너스 인생은 면할 수 있지 않을까? 수인이랑 예원이랑 빈이랑 손잡고 플러스를 향해서 나는 오늘도 느리게 간다.

상생의 기적

임상실에 꼬마 손님들이 왔다. 유치부 아동부터 성인 학생 직업교육을 아우르는 우리 학교에 초등부 1학년 신입생으로 입학한 공주들이다.

참새처럼 말도 잘하고, 머리를 예쁘게 땋고 다니는 주희와 다은이는 다리가 불편하다. 시력이 안 좋아서 안경을 써야 하고, 뇌성마비로 잘 걷지 못해 다리 근력이 빈약한 초등학생들 건강관리를 위해 1주일에 한 시간씩 마사지를 계획했다.

담임 선생님 품에 안겨 처음 임상실에 들어선 공주들은 잔뜩 겁을 먹은 채 떨고 있었다. 다가가 손을 잡으며 부드럽게 인사를 건네도 아이들은 쉽게 긴장을 풀지 못했다. 여린 아이들이 그간 불편한 몸으로 인해 병원에서 얼마나 시달렸을지 짐작이 갔다. 유년 시절 아무엇도 아닌 시야검사에 지레 겁먹고 눈물바람 했던 내 모습이 떠올랐다.

공주들은 딸아이보다 한 살 많은 여덟 살이었다. 짠한 가슴으로 대화를 시도했다. 유주를 화재로 말문을 여니 공주들이 재잘거리기 시작했다.

나는 몸이 불편해서인지 사람의 존재 가치에 대해 생각할 때가 있다. 가령 전신마비로 평생을 누워서만 지내야 하는 사람의 존재가치는 무엇일까? 어눌한 발음으로 노래하고 춤추며 수업 시간에 배운 장기를 발표하는 아이들 몸짓은 무슨 의미가 있을까? 자신의 신변처리도 어려운 아이들을 교육하며, 밑 빠진 독에 물붓 듯 같은 행위를 반복하고, '양말 신기', '양치하기' 등의 일상생활을 독립적으로 할 수 있게 하기 위해 끝없는 고뇌와 착오를 거듭해야 하는 특수교육은 왜 필요할까?

학생들 연령이 낮아질수록 중복장애 비율이 높아진 지 오래다. 시각장애 특수학교인 우리 학교도 정서행동장애 학생들을 위한 학급을 별도로 운영해야 할 만큼 중복장애 발생률이 높아지고 있다.

눈도 보이지 않고, 지적 능력이 발달하지 못해 개인의 신변 처리도 어려운 어린 학생들을 바라볼 때면, '이 아이들의 미래는 어떤 모습일까? 과연 이 아이들에게 내일이 있고 희망이 있을까?' 하는 착잡한 의문이 고개를 쳐든다. 시설에서 가족도 없이 커가는 아이들도 분명 부모가 있었을 텐데 싶어지면서 혈연마저도 외면한 가엾은 아이들 처지에 답답한 한숨을 토하곤 한다.

　인간은 사회적 동물이다. 그리하여 혼자서는 살아갈 방법이 없다. 장애가 있건 없건, 무인도에서는 결코 행복할 수 없다. 그 한계는 과연 인간에게 축복일까, 재앙일까?

　몇 년 전, 세계적으로 능력을 인정받고 지구촌을 무대로 활동하고 있는 장애인 음악가들 공연을 관람한 일이 있었다. 다리가 불편했고, 눈이 불편했으며, 또 누군가는 손가락이 없는 몸이었지만, 그들이 빚어내는 선율과 화음은 천상의 하모니였다. 내 마음을 더 훈훈하게 했던 것은 주최 측이 모든 수입금을 100% 희귀병 어린이들의 수술비로 기부한다는 사실이었다.

　사람이 자존감을 회복할 수 있는 가장 좋은 방법은 자신이 꼭 필요한 존재라는 사실을 확인하는 것이라고 한다. 타인에게 크든 작든 도움이 되고 보람을 느끼는 순간, 사람은 스스로가 대견해지고, 자기를 사랑할 마음이 열린다. 우울감과 열등감이 치유되면서 자신의 삶에 새로운 의미가 샘솟는 기적을 맛본다.

　두 눈을 감고 살면서 가장 힘든 순간은 나의 존재가 남에게 민폐가 된다고 느껴질 때다. 반면 나름의 방식으로 남들을 돕거나, 전업주부인 동생들에게 돈 버는 언니로서 하고 싶은 운동을 시원하게 등록해 주었을 때, 낙담하거나 상처 받은 지인들 이야기에 귀 기울이며 가만히 어깨를 다독여줄 때, 아이가 유치원에 가지 않는 휴일 집 안에서 온몸을 던져 녹초가 될 때까지 웃음을 나눌 때 나는 장애를 잊는다. 그저 살아 있음을 느낄 뿐이다.

문재인 대통령의 낡은 구두 한 켤레가 주목을 받았다. 대통령이 신은 신발 치고는 무척 낡았다는 점이 세간의 관심을 끈 모양이었다. 사진이 퍼져나가며 구두에 대한 호기심이 무성해졌다. 급기야 한 뉴스 프로그램에서 구두를 만든 장인을 인터뷰하기에 이르렀다. 화제가 된 구두는 청각장애인들이 만든 제품이었다. 국회에서 여러 의원들이 그 회사의 구두를 구매하여 신고 다녔다는 미담도 소개됐다.

구두를 만드는 업체에서 일했던 노동자들은 품질 좋은 신발을 만들기 위해 노력했을 거다. 그것으로 경제활동을 하며 인간다운 삶을 누렸으리라. 한편 국회의원들은 생활필수품인 구두를 구매하는 행위에서 어딘가 착한 일을 한 것 같은 뿌듯함까지 덤으로 얻지 않았을까?

맹학교에서 일할 수 있어 참말로 다행이다. 나와 같은 장애를 지니고 살아가야 할 학생들에게 같은 불편함을 느끼는 사람으로서 생생한 증언과 도움, 소소한 정보며 경험담까지 결코 비장애인 선생님들은 가질 수 없는 공감대를 나눌 수 있으니 말이다.

주1회 마사지가 꼬마 친구들 건강에 획기적인 변화를 야기하지는 못하리라. 하지만, 그 시간 나누는 우리 스킨십은 서로의 가슴에 튼튼한 에어백이 되어 외로울 때, 아플 때, 두려울 때, 그리고 막막할 때 상처를 치유할 용기가 되어줄 거라 믿는다.

안마봉사 활동을 다녀와서

발과 다리가 심하게 부어 있었다. 말도 잘 못 잇는 환자 곁에서 동생분이 정성스레 간호하고 계셨다. 발에 크림을 바르고 무릎까지 정맥 순환을 촉진하는 수기를 택해 차분하게 시술했다.

2019학년도 들어 두 번째 봉사 활동이었다. J병원 호스피스 병동에서 암환자 보호자를 대상으로 하는 자리였다. 첫날에는 학생들과 인솔 교사 모두 병원 탕비실에 가서 의자를 깔고 시술했다. 간병인, 병원 직원들이 피술자가 되어 우리 손에 아픈 어깨와 목을 맡겼다. 학생들은 익숙한 솜씨로 환자들을 대했고, 상냥한 웃음으로 성의를 다했다.

그 날 내 피술자는 젊은 사회복지사와 덩치 좋은 간병인 아주머니였다. 가벼운 마음으로 시술했고, 심상한 기분으로 철수했다. 학교로 돌아오는 통학 버스 안에서 하인 씨가 췌장암 말기 환자를 안 마했는데, 자리가 불편해 더 못해준 것이 아쉽다고 했다. 정희 씨는 봉사 활동이 처음이라서 긴장을 잔뜩 했는데, 피술자들이 좋아하는 모습에 보람을 느꼈다고 했다.

두 번째, 병원을 방문하여 실습 준비를 하고 있었다. 거동이 불편한 환자분이 안마를 요청하셨다는 전갈이 왔다. 학생들을 보내기 조심스러워 내가 직접 나섰고, 그렇게 난 그분의 퉁퉁 부은 다리를 마주했다.

50분가량 신중하게 시술했다. 혹여 내 손 기술이 환자에게 해가 될까 겁이 났다. 다행히 환자분은 목소리로 직접 "좋다. 싫다."를 표현할 수 있었다. 살얼음 만지듯 시술을 이어갔다. 왼발부터 배운 대로 순서에 따라 발가락 하나하나까지 마사지했다. 타인의 발이었지만 불결하다는 생각은 들지 않았다.

곁에 계신 보호자가 갑자기 탄성을 질렀다.

"어머! 언니가 주무세요. 선생님 정말 감사합니다."

투병하시면서 통증 때문에 잠을 통 못 주무셨다고 했다. 혼곤한 잠에 빠진 환자분을 뵈니 괜스레 내 마음이 좋았다.

보호자 분께만 조용히 인사하고 병실을 나왔다. 생기 넘치는 학생들을 만나니까 비로소 긴장이 풀렸다. 시험 문제 하나하나에 신경을 곤두세우며 치열하게 공부하고, 왁자하게 떠드는 학생들이 새삼 반가웠다.

시한부 선고를 받고 병실에 누워 고통스러운 나날을 보내는 환자분들을 직접 뵙고 보니 그간 까맣게 잊고 있었던 생에 대한 열망이 사납게 꿈틀거리는 것 같았다. 저번 주에 하인 씨가 시술했던 췌장암 말기 아저씨는 혼수상태라고 했다. 벼랑 끝에 서서 외롭게 병마와 사투를 벌이고 있는 환자들 고통이 무겁게 다가왔다.

장애를 탓하며 끝도 없이 세상을 원망했다. 두 눈에 붕대를 감고 침대에 누워 꼼짝없이 1주도 좋고 한 달도 좋은 병원 생활을 견뎠다. 고등학생이 될 때까지 문병은 받는 걸로만 알았다. 학창 시절을 통틀어 개근상은 한 번도 받아본 적 없었고, 특수교육과에 진학하면서도 남다른 포부나 의지 같은 걸 품어보지 않았다.

유주를 낳고서 꼬박 5년여를 지독한 불면증에 시달렸다. 첫 아기가 주는 설렘과 기쁨은 경이로웠지만, 어린이집 재롱잔치 현장에서 자꾸만 스며 나오는 눈물을 들키지 않으려 안간힘 쓸 때 하늘이 원망스러웠다.

남편이 육아 휴직을 선택하여 내가 가정 경제를 책임졌던 시기, 생전 처음 참여하는 국정 교과서 집필 작업 업무로 서울 출장이 잦았다. 밤새 한 잠도 이루지 못한 채 피곤한 심신으로 서울에 올라가 집필 수칙과 문서 양식 등에 대한 교육을 받았다. 당일 저녁 익산으로 내려오는 KTX 열차 안에서 나는 등받이에 지친 몸을 기대고 생각했다. '이대로 모든 것이 끝나 버렸으면….'

체력적으로나 정서적으로 그땐 완전 소진 상태였다. 남자 몸으로 육아에 뛰어든 남편도 전쟁 같은 시간을 살았다. 각자 자리에서 고군분투하느라 우리 부부는 서로를 돌아볼 겨를이 없었다.

내게 주어진 눈먼 생을 차갑게 관조했다. 총칼이 난무하는 전쟁터 한복판에 나만 무기 하나 없이 내동댕이쳐진 것처럼 불안하고 억울했다. 나를 사랑하지 못했으니 남을 사랑할 리 만무했다.

봉사 활동을 마치고 퇴근했다. 실로 오랜만에 남편과 마주 앉아 해물찜을 먹었다. 직장에서의 소소한 일과를 얘기했고, 여름휴가 때 유주랑 셋이서 맞춰 입고 다닐 가족 티셔츠를 샀다.

눈먼 생이라도 상관없었다. 내가 지금 숨 쉬고 있는 공간이 병원이 아님에 안도했다. 눈물을 펑펑 쏟으며 읽었던 정유정 작가 소설 《진이, 지니》의 한 장면이 떠올랐다. 보노보 지니 몸속에 갇힌 주인공 진이가 생을 돌려주는 그 선택이, 중환자실에서 꺼지기 직전의 불씨로 남은 육신 안으로 뚜벅뚜벅 걸어가기까지 진이를 휘감았던 집채만 한 두려움이 비로소 실감났다.

무더운 여름, 집에서 아무렇게나 걸치고 있는 허름한 옷처럼 내게 만만해진 시간과 공간이 고마웠다. 너무 익숙해서 거리감을 잃어버린 편한 사람들이 다시 보였다.

맑은 마음으로 사랑할 수 있을까? 찬란한 생명 그 자체에 감사하며, 기쁨과 나눔으로, 희열과 성취로 나를 가꿀 수 있기를, 타인을 사랑할 수 있기를 기도했다.

결국은 태도의 문제

2017학년도가 시작되었다. 새로운 업무 분장이 나왔고 나는 임상실 담당자가 되었다. 임상실은 국가 공인 안마사 자격증을 취득하게 될 졸업반 학생들이 취업 전 현장 실습 차원으로 지역 주민들에게 무료 안마 봉사를 하는 공간이다.

임상실을 애용하는 손님은 단골이 많다. 농사일을 하며 어깨나 허리가 아파 손꼽아 예약 날짜를 기다리는 동네 할머니, 학생들 손맛에 반했다며 제법 먼 거리를 꼬박꼬박 달려오는 중년 여성들, 척추협착증과 디스크 등 오랜 지병으로 한의원을 전전하다 마침내 정착지를 찾은 듯 편안하게 들르는 할아버지, 그리고 개인택시를 운행하다 짬을 내 달콤한 휴식을 즐기는 기사들까지 피술자는 다양하다.

안마 봉사를 하며 구슬땀 흘리는 학생들의 수고와 태도에는 삶에 대한 진지함과 성실함이 묻어난다. 임상실은 무료로 운영된다. 깨끗한 시설과 기자재가 구비된 환경에서 손님을 모시는 자리이고 보니 예약은 금세 찬다.

며칠 전 안마 시술이 끝난 뒤 손님 한 분이 나를 찾았다.

"선생님, 학생들에게 뭐가 필요할지 고민하다가 조금 준비했어요. 두 사람이 모은 건데 약소합니다. 학생들이 좋아하는 것 해주셨으면 좋겠어요."

불쑥 봉투 하나를 건네는 손길에 당황하며 정중하게 안마 봉사 규정과 취지를 설명했다. 도망치듯 임상실을 빠져나가는 걸음 앞에서 '성의'라는 단어를 떠올렸다. 안마 봉사는 규정상 무료로 이루어지지만 손님들은 보통 음료수나 과일 등으로 학생들 수고에 답례한다. 한 시간을 집중해서 안마한 학생들은 시원한 음료나 과일 한 조각을 먹으며, 웃음을 나누고 기분 좋은 인사로 시술을 마감한다.

드물게는 이런 손님도 있다. 임상실을 5년 넘게 이용하면서 단 한 번도 학생들에게 시원한 음료수 한 개를 대접할 줄 모르는 사람, 심지어 학생들 중 ○○가 마음에 든다며 당신은 앞으로 그 학생에게만 안마를 받게 해달라고 떼를 쓰는 어른도 있다. 웃음으로 적당히 그런 손님을 응대하고 난 어느 날 문득 같은 서비스를 받은 사람들임에도 이토록 반응이 다른 이유가 궁금해졌다.

평소 나는 지인들의 근무 태도나 개인적인 성격을 유심히 관찰하기를 즐긴다. 어떤 이는 학생들과 인격적으로 소통하며 진솔한 사제

관계를 지어간다. 생계수단 이외 그 어떤 의미도 없다는 듯 사무적으로 일하는 지인도 있다.

성격은 운명을 결정짓는다고 했던가? 개인이 추구하는 가치 기준이나 생활 방식은 정형화될 수 없는 지극히 자유로운 영역이다. 하지만 삶을 대하는 태도만큼은 조금 달라야 하지 않을까?

우리 학교에는 성인 학생도 공부한다. 당뇨를 비롯한 각종 질병이나 사고로 인해 뒤늦게 학생 신분이 된 어른들은 몸에 맞지 않는 옷을 입은 듯 학교생활에 적응하지 못하는 경우가 있다. 출석일수를 계산하며 조퇴를 일삼으면서도 학교에 대한 불평불만만 쏟아내는 학생과, 간밤에 저혈당 쇼크로 119에 실려 병원에 다녀왔어도 다음 날 성실하게 출석하는 학생의 미래는 다를 수밖에 없지 않겠는가?

현금 십만 원이 들어 있는 봉투에 메모를 했다. 안마를 받으러 오신 그 어머님 손에 공손히 돌려드렸다. 학생들의 구슬땀을 모른 척 하지 않고 성의를 표해주신 마음은 언제 떠올려도 기분 좋은 응원의 메시지로 기억될 것이다.

빛나는 커튼콜

임상실에 특별한 손님이 찾아왔다. 30년 만에 고등학교 졸업장을 가슴에 안았다며 아버지 산소부터 가야겠다고 했던 졸업생 L 이다.

학창 시절에 L 씨는 소문난 문제아였단다. 고등학교 시절에 학교를 다섯 군데나 옮겨 다니며 부모님 속을 태웠지만, 결국 졸업을 하지 못했다. 아버지 호통에 떠밀려 입대했고, 간신히 제대했다. 벅찬 마음으로 사회에 복귀했으나 그는 교통사고를 당해 한쪽 눈을 잃었다. 그렇게 시각장애인이 된 L 씨가 우리 학교 고등부 1학년으로 입학했고, 당시 나이는 51세였다. 평생 학교나 공부는 인연이 없다고 여기며 거칠게 살아온 그분에게 '학생'이라는 신분은 영 어색했다. 교실에 배치된 걸상이 불편하다며 특별실에 있는 회의용 의자를 마음대로 끌어다 쓰는 것은 예사였다. 술만 마시면 평소 유감을 가졌던 주변인들에게 전화를 걸어 험한 욕설을 퍼붓기 일쑤였다.

나는 L 씨의 고등학교 2학년 담임이었고, 1년 동안 그야말로 골치를 앓았다. 크고 작은 말다툼으로 교실은 바람 잘 날이 없었다. L 씨는 자신의 과거 전력을 무용담처럼 늘어놓으며, 언제라도 학교를 그만둘 태세를 갖추고 있었다.

새 학기를 맞아 학생들의 개인 면담이 시작됐다. 풀기 어려운 숙제를 하듯 L 씨와 마주 앉았다. '교실에서 바른말 고운 말 쓰기'부터 지도하며 학급 분위기를 이완시키려고 노력했다. 면담 시간에 허심탄회한 대화를 나누어서인지 그의 태도는 조금씩 달라졌다. 반가운 마음으로 수업 시간 시작과 끝인사를 맡겼다. 그는 진도에 맞춰 교과서를 펴놓는가 하면 교실 청소도 챙겼다.

칭찬은 고래도 춤추게 한다고 했던가? 작은 변화에도 폭풍 칭찬을 해주니 L 씨는 머쓱해하면서도 학교생활에 성의를 보이기 시작했다. 교실에 난무하던 거친 언행이 점차 사라졌다. 사람에 대한 진심은 꼭 닫힌 마음의 문을 열게 하는 마법이었다. 후에도 몇 번 우발적 충돌이 있었다.

54세, 학사모를 썼던 L 씨가 직접 농사 지었다며 고구마 박스를 안겨주었다. 김영란법에 의거하여 그 어떤 선물도 정중히 사양해야 하는 것이 방침이었지만 졸업생의 순수한 마음은 받는 게 맞을 것 같았다.

익산 예술의 전당에서 〈사랑별곡〉이라는 연극을 관람했다. 배우

손숙과 이순재가 주연으로 출현하여 부부의 눅진한 사랑을 연기했다. 배우 이순재는 올해 82세요, 손숙은 72세라 했다. 무대에서 호흡을 맞추는 두 배우는 노련했고, 원숙했다. 평생 한 길을 걸어온 사람만이 내뿜을 수 있는 아우라는 거대한 우주였다. 생생한 연기로 승부해야 하는 현장을 꽉 채운 두 배우의 지력과 열정에 눈물이 났다.

　도종환 시인의 〈세 시에서 다섯 시 사이〉라는 시가 떠올랐다. 지금 내 인생의 시침과 분침은 째깍째깍 몇 시쯤을 가리키고 있을까? L 씨의 졸업장도 노배우들의 무대도 완주한 자들만이 점유할 수 있는 성취로 빛났다. 내 인생 커튼콜도 그랬으면 좋겠다.

베이지색 목소리

베이지색 목소리 Y와 소주를 한 잔 마셨다. 얼큰한 전골요리를 안주로 소소한 일상을 나누는 담소는 편안했다. 동네 친구가 없는 내게 베이지색 목소리는 참 좋은 이웃이요, 동료다.

그녀 목소리에는 꼭짓점이 없다. 둥그런 원처럼 누구와도 매끄럽게 어울린다. 조용하고 부드럽지만, 속은 무르지 않다. 한 번 시작한 일은 끝장을 보는 집념이 있다. 상대의 연배가 높든 낮든 자연스럽게 경어를 쓰고, 때 묻지 않은 태도로 관계 맺는다.

그녀의 임무는 시각장애 교사들의 업무를 보조하는 근로지원이다. 우리 학교에는 나를 포함하여 총 다섯 분의 시각장애 교사가 일하고 있다. 근로지원인 두 분의 도움을 받는 우리는 업무 효율성을 높이기 위해 A팀과 B팀으로 조를 나누어 작업을 수행한다.

얼마 전 B팀 교사와 근로지원인 사이에서 몇 달 동안 묵은 감정 문제가 공론화되어 회의를 연 일이 있었다. C 교사와 D 지원인은 이미 감정의 골이 깊어진 상황이었다. 그녀는 이때도 특유의 침착함을 잃지 않았다. 결코 흥분하거나 언성을 높이지 않으면서도 근로지원인 측의 입장을 정확히 피력했다. 자분자분한 어투는 상냥했지만, 힘이 있었고, 조리 있는 논리에는 설득의 의지가 담겨 있었다.

상대방 표정을 볼 수 없는 나에게 '목소리'는 그 사람 내면을 가늠할 수 있는 매우 중요한 단서다. 지극히 주관적인 느낌이지만, 목소리에 묻어나는 교양은 어느 정도 그 사람의 의식이나 가치관을 반영한다고 믿기 때문이다. 그래서 내가 목소리와 어투에 유독 민감한지 모르겠다.

베이지색 목소리와 함께 일하며 부드러운 어투의 놀라운 힘을 알았다. 이솝 우화 속 나그네 겉옷을 벗게 한 것이 햇볕 아니던가? 문득 가시 돋친 나의 어투를 반성했다. 불편한 관계를 개선하기 위해 정중하고도 차분한 대화를 주도할 줄 아는 베이지색 목소리는 내게 더없이 큰 스승이다.

빈말을 일삼으며, 가십거리에 열을 올리는 사람의 말은 비누 거품 같다. 약속을 남발하고, 아첨을 일삼는 사람도 매한가지다. 금세 흔적도 없이 사라지는 비누 거품처럼 허공을 맴도는 말에는 의미도, 무게도 없다.

신중하고 따뜻한 언어에 베이지색을 칠해 보자. 상대방 마음을 움직일 수 있는 진심은 그 자체가 치유다. 근로지원인 Y는 나에게 베이지색 마음과 시간을 선물해 주었다. 전적으로 상대방을 이해하고 공감하는 태도의 본보기를 몸소 보여 주었다.

요란하지 않게, 화려하지 않게 마음 나누는 방법을 가르쳐 주었다. 불편한 마음을 참고 참다가 임계점에 다다라서야 거칠게 감정 파편을 쏟고 마는 내 오랜 습관을 고칠 수 있을까? 존중하는 태도를 유지하면서도 불합리한 지점을 정확히 표현할 냉철함을 갖자고 다짐했다. 품격 있는 대화와 타협의 기술로 차분하게 나를 표현하고 설명할 수 있다면 얼마나 좋을까?

아직은, 그래도 희망이

　나는 음악과 드라마를 무척 좋아한다. 이 두 요소가 결합된 뮤지컬은 내 영혼을 사로잡는다. 학창 시절에는 대학로 소극장을 즐겨 갔다.
　비 오는 거리를 뛰어서 겨우 관람했던 〈루나틱〉, 일부러 성남까지 찾아가 봤던 〈맘마미아〉, 우리 반 학생들과 서울까지 올라가 즐겼던 〈오 당신이 잠든 사이〉, 다음번엔 꼭 남편과 함께 보리라고 다짐했던 〈당신만이〉 등 기억에 남는 작품은 수도 없다.
　2015학년도에 고등부 2학년 담임을 맡았다. 학급에는 학령기 학생들이 셋, 성인 학생이 네 명 있었다. 매일 아침 세계명작 독서 모임에 성실히 참여하는 우리 반 악동들에게 문화적인 경험과 느낌을 선물하고 싶었다. 활동보조인을 섭외하기가 비교적 수월한 서울을 목적지로 정했다. 겨울방학을 하고 크리스마스 즈음이었다.

솔직히 내 몸 하나 건사하기도 힘든 입장에서 무모하리만큼 위험한 도전이었다. 엄중한 책임이 따르는 시도였기에 망설임도 컸다. 다행히 저시력 학생이 더 많아서 조심스럽게 용기를 냈다.

동영이는 남원에서, 한수는 정읍에서, 나머지 두 친구는 익산역에서 각각 기차를 탔다. 활동지원인과 용산역에 나갔다. 매번 똑같은 표정과 기분으로 교실 안에서만 마주하던 학생들을 서울에서 만나니 느낌이 새로웠다. 녀석들도 한껏 들떠 있었다.

지하철을 타고 회화역으로 이동하며 주변 풍경을 구경했다. 대학로 거리를 걸어 소극장을 찾았다. 소극장은 저시력 학생들에게 물리적으로나 심리적으로 안성맞춤이었다.

가장 첫 줄에 앉은 성우와 국환이는 배우들의 표정까지 코앞에서 관찰할 수 있다며 신기해했다. 화려한 춤과 노래, 감동적인 이야기에 두 시간 반이 훌쩍 흘렀다. 근처 카레 전문점에서 저녁 식사를 했다. 생전 처음 뮤지컬을 본다는 녀석들에게 그래도 즐거운 추억거리 하나 선물해 준 것 같아 흐뭇했다.

집에 가는 길, 용산역 횡단보도 앞에서 붕어빵을 먹었다. 맞은편에서 구세군 종소리가 울렸다.

"얘들아, 우리 구세군 냄비에 성금 넣고 가자. 하고 싶은 사람은 마음 가는 만큼, 형편 되는 대로 넣고 와."

"선생님 한수는 조금밖에 안 했대요."

하며 연신 즐겁다. 적은 금액이었지만 구세군 냄비에 성금을 넣고 나니 괜스레 기분이 좋아졌다.

학생들을 보내고 모두 무사히 귀가했다는 전화를 받을 때까지 마음이 놓이지 않았다. 긴밀하게 승무원, 학부모님들과 통화했다.

누군가는 내 오지랖을 보며 혀를 찰지도 모르겠다. 그러나 그날 밤 늦도록 학생들의 귀가를 확인하고, 다음에 또 가자는 녀석들을 지켜보는 나는 적어도 담임으로서 흡족했다.

2016학년도에도 고등부 2학년을 맡고 있다. 우리 반 학생들에게 좋은 추억 하나 만들어 주고 싶은 바람은 굴뚝같지만 몇 번의 실패만 거듭한 채 1학기가 끝났다.

우리 학교에 점자도서가 기증되었다. 다름 아닌 구세군이 후원하여 제작된 도서였다. 교내 점자도서관에서 목록을 살피며 그날을 떠올렸다.

'우리가 그때 구세군 냄비에 넣었던 약간의 금액도 이 책들을 만드는 데에 쓰였을까? 점자책을 만드는 데 얼마나 많은 사람들의 도움과 마음, 수고가 필요했을까? 녀석들은 우리가 구세군이 후원한 점자도서를 읽게 되리라는 것을 짐작했을까?'

얼마 안 되는 금액을 구세군 냄비에 넣으며 순간적으로나마 우쭐해졌던, 학생들에게 좋은 선생님인 듯 고양됐던 내가, 이름 모를 어려운 이웃들을 위해 기꺼이 손 내민 온화한 마음들 앞에 부끄러워졌다.

몸이 불편한 이웃들에게 필요한 책을 제작하여 배포하고, 겨울철

시설에서 생활하는 장애인들이 입을 옷이나 먹거리를 장만하는 과정에는 이름도 빛도 없이 수고하는 손길들이 있으리라.

여섯 살 유주와는 함께 뉴스를 볼 수 없을 정도로 험한 세상이지만, 우리 학교에 기증된 점자도서를 보면서 '아직은 그래도 희망이' 남아 있음에 가만히 안도했다.

시냅스가 중요해

"피부 자극이 뇌까지 전달되려면 신경세포가 연결되어야 한다. 이때 한 개 신경세포의 축삭이 다른 신경세포에 접하는 부분을 신경연접 또는 시냅스라고 한다."

맹학교 직업 과목 해부생리 교과서 내용 일부다. 신경세포와 세포가 연접되는 부위에 관한 설명인데, 유기적인 인체가 기능함에 있어 신경계통의 전달 시스템은 그야말로 신비롭다.

국가 공인 안마사를 양성하는 교육 과정은 총 열 과목의 직업 교과로 편성되어 있다. 인체 구조와 기능을 과학적으로 이해하여 안마나 침 시술에 효과를 더하기 위해서다.

시냅스는 이료보건 교과 치매 단원에도 등장한다.

"치매는 뇌세포 내 타우단백 변성에 의해 신경세포 기능이 떨어져

뇌기능이 저하되는 일련의 증상을 의미한다."

　기억력 감퇴나 언어 장애는 물론이고 지남력이나 행동정서장애 등 널리 알려진 노인성 알츠하이머 치매 발병률이 가장 높지만 중년층의 혈관성 치매도 증가하는 추세다. 치매 예방·관리법을 살펴보면 우선 혼자 하는 활동 보다는 가급적 타인과 상호 작용할 수 있는 운동 종목이 강조된다. 뇌세포를 자극할 수 있는 다양한 활동 중에서도 테니스나 스포츠댄스같이 파트너와 호흡을 맞추거나 협력해야 진행할 수 있는 여가 활동이 효과적이라는 사실이 흥미로웠다.

　신경세포와 세포를 연결하는 시냅스를 최대한 활성화시킬 때 치매 진행이 감소함은 물론 예방 효과가 뚜렷하다는 설명을 보면서 연결 고리의 중요성을 떠올렸다.

　코로나19는 우리 사회에 물리적 단절을 야기했다. 전대미문의 온라인 수업이, 비대면 회의가, 재택근무가 일상이 되었다. 12월이 가까워 감염세가 폭발적으로 증가한 통에 정부에서는 카페 영업은 물론 5인 이상 만남 규제를 선포했다.

　고즈넉한 연말이다. 아기 예수가 탄생하신 성탄 축하 예배도 집안에서 드렸다. 예배당에 직접 가서 두 손 모아 기도하고 목청껏 찬양하고, 살아 있는 설교 말씀에 은혜 받고 싶었다. 현장 공기를 직접 호흡해야만 체감할 수 있는 감각들을 코로나는 가차 없이 끊어 놓았다.

　대면과 비대면의 한계를 실감한 2020년이다. 가까운 지인들이 얼굴 마주하고 앉아 담소하는 소소한 자유가 얼마나 큰 기쁨인지 절감했다. 아껴둔 곶감 꺼내먹 듯 가끔 들르던 카페 나들이 길도 꽉 막혀 집에서 커피를, 허브차를 하릴없이 마셔댄다.

손이 눈인 나에게 온라인 활동은 썩 매력적이지 못하다. 시각을 대신해서 동원하는 모든 감각들이 대폭 차단되는 온라인 연결망에서 내가 실감할 수 있는 감각과 느낌은 앙꼬 없는 찐빵만큼이나 허허롭기 때문이다. 그럼에도 불구하고 필사적으로 온라인망에 의존했다.

그래야 사회적 시냅스가 작동할 수 있었으니까.

코로나19는 우리 사회 온라인 연결망을 확장시켰다. 덕분에 나도 생전 처음으로 독서 토론에 참여할 수 있는 기회를 잡았다. 하상시각장애인 복지관 프로그램이었다. 《1천권 독서법》저자 전안나 작가가 진행하고 격주 화요일 저녁 4회 차 토론회는 카카오 그룹콜로 이루어졌다. 고약한 코로나가 내게 준 유일한 선물이었다.

나처럼 책을 사랑한다는 7명의 참여자가 모였다. 같은 도서를 읽고 각자 생각을 나누는 시간이 그렇게 흥미로울 수 없었다. 《얼굴 빨개지는 아이》, 《필경사 바틀비》, 《회색인간》, 《외투》가 선정 도서였다. 토론 논제를 받고 작품에 대해 생각했다가 자유롭게 발표하는 흐름이 편안했다.

주최 측이 점자도서관인 만큼 선정 도서와 논제 파일을 사전에 이메일로 제공해 주었다.

혼자 독서할 때와는 깊이가 사뭇 달랐다. 한 작품을 읽고도 각자 관점에 따라 감상과 해석이 다른 것이 재미있었다. 인상적으로 꼽은 문장이 제각각이었고 한 작품을 호평하는 이도, 혹평하는 이도 두루 있었다. 한 음식을 여러 사람이 씹고 뜯고 맛보고 즐기는 축제같이 작품을 해부하고 공부했다. 혼자 생각하는 것에서 그치지 않고 말로 표현해 보니 문장 하나하나, 단어 하나하나가 한결 명료해졌다. 작품 속 인물, 사건, 배경이 입체적으로 다가왔다.

화요일 저녁 7시에서 9시, 두 시간 토론이 기다려졌다. 학교와 집만 오가는 쳇바퀴에 신선한 혈액이 수혈되는 것 같았다. 다른 모임에는 흥미도 욕심도 없는 내가 독서 토론만큼은 생기 있는 목소리로 적극 참여하고 있었다. 역시 '책'은 내 뇌의 완벽한 기폭제였다. 마지막 시간에는 프로그램 담당자가 택배로 보내준 푸짐한 다과까지 아이처럼 달게 먹었다.

대학 시절 사회학 강의를 들으며 사회 관계망에 대해 공부했다. 혼자 사는 사람이라도 사용하는 물건 등을 통해 모든 인간은 보이지 않는 관계망 안에 연결되어 있는 거라고 전공 교수가 설명했었다. 인체가 유기적으로 작용하는 것처럼 우리 사회 시스템도 상호 보완적으로 굴러간다. 제 아무리 똑똑하고 부유한 사람일지라도 혼자서는 살아낼 재간이 없지 않은가?

혼자를 열망했다. 절대적 고독을 동경했지만 코로나19가 단절시켜 버린 물리적 교류 앞에서 여지없이 당혹스러웠다. 현장에서만 느낄 수 있는 풍요로운 감각들이 못내 아쉬웠다. 꼭 손을 잡아 악수하며 인사하는 시각장애인식 인사법도 주춤주춤 삼가게 되었다. 시각장애 학생들에게 온라인 교육 효과가 얼마나 실효성 있을지 회의적인 마음도 되었다.

인체에서 신경 세포의 연결 고리가 시냅스라면 사회 조직 내 연결망은 연대일까?

'나'에서 '너'로, 다시 '우리'로 확장되어 나가는 촘촘한 연결 고리는 전체를 살게도 죽게도 만드는 힘일 터다. 치매가 예방되듯 우리 사회 곳곳에 시냅스가 활성화되어 외롭게 생을 마감하는 이웃이 없었으면 좋겠다.

뇌과학 박사 장동선 강의를 들었다. 아이 뇌에 긍정과 위로의 스토리를 심어 주라는 메시지를 전하며 그가 뜨거운 눈물을 흘렸다.

"악플에 시달리다가 극단적 선택 끝까지 내몰린 안타까운 영혼들에게 단 한 개라도 진정한 위로 접점이 있었다면 살 수 있지 않았을까!"

나 역시 칭찬 받고 위로 받을 때, 지지 받고 인정받을 때 새 힘이 솟았다. 단 한 개 채널이라도 속내를 가감 없이 보여줄 수 있는 친구라면, 기꺼이 내 시간과 비용을 소모하고 싶은 대상이라면 어딘가에서는 선한 위로 사슬이 완결될 수 있지 않을까?

치매는 가혹하고도 고독한 질병이다. 타인과의 교류가 차단되고 자기세계에 갇혀 과거 기억 속에 매몰되어 헤어나지 못한다. 타인에게 비춰지는 자기모습에 대한 인식 능력을 완전히 상실함으로써 그

혹은 그녀의 정체성이 사라진다. 뇌세포 시냅스가 활성화될 때 치매 예방 관리가 가능한 것처럼 사회 곳곳에도 마음 건강을 지켜줄 수 있는 상호 응원·지지 사슬 연접 전원 램프가 깜빡거렸으면 좋겠다.

  내 주변부터 점검해 보자. 가족들에게, 학생들에게 나는 바람직한 누군가였을까? 또다시 리셋이다.

제6부

쓰는 사람이었으면

할머니 안녕하세요?

 열 살 유주가 온라인 품세 심사에 도전하는 10월의 어느 토요일 정오입니다. 여기는 러닝머신과 다이어트 바이크가 다닥다닥 붙어 있는 컴퓨터방이에요. 금요일 새벽부터 지리산 천왕봉을 정복하고 돌아온 남편 어깨에 무통침을 놓아 주고 책상 앞에 앉았습니다. 평일에는 방해받지 않고 글 쓰는 시간을 확보하지 못해 동동거리는 42세 김성은이 할머니가 된 당신을 상상합니다.
 퇴직은 하셨는지요.
 몸은 건강하십니까? 아프신 데 없이 평안하셨으면 하는 바람입니다. 여전히 익산에 살고 계시나요? 당신 직장이 맹아학교 하나로 끝이었을지 궁금합니다. 내심 이료 교사 외에 독서 관련 일을 해보고 싶다는 희망을 품고 있었거든요. 향기로운 커피 향을 나눌 수 있는

북 마사지 카페 주인장을 꿈꾸는 워킹 맘은 분주하게 흘러간 한 주를 익숙하게 마감하고 있습니다.

금주에는 2학기 1차 고사가 있었습니다. 금요일에는 서동공원으로 현장학습도 다녀왔어요. 코로나19로 모든 교외 활동이 철저한 방역 관리하에 소규모로 진행되었습니다.

뉴스에서는 연일 독감 백신에 대한 불안한 보도가 이어집니다. 접종 후 사망자 수가 증가하는 추세를 어떻게 해석하고 대비해야 하는지 아직 명확한 정책이 나오지 않은 상황이에요.

2021학년도 신입생 면접이 있었습니다. 파리 한 마리도 해하지 못할 것 같이 선한 느낌의 20대 남학생도 있고, 출산 중 의료 사고로 영구 장애를 입게 된 젊은 엄마 신입생도 있네요. 그들에게 재활 교육기관이 있어 다행이라는 생각을 새삼 했습니다.

지난주에는 10년 전에 졸업한 제자들에게 식사 대접을 받았어요. 저를 보고 깜짝 놀라며 오 원장이 말했습니다.

"우리 선생님, 이제는 아줌마 다 되셨네. 나 학교 다닐 때는 아가씨였는데…."

10년 만에 만난 제자였으니 놀라는 것도 당연했지요. 외모도, 언변도 그 시절과는 사뭇 달라진 제 모습이 실감 났습니다. 중도 실명한 남편을 지성으로 보필하며 자리를 함께한 제자 아내들과도 반가운 웃음을 나누었어요. 소주잔을 부딪치며 그녀들의 막막한 눈물을 짐작했습니다.

유주는 잘 키우셨습니까? 초등학교 3학년 어린이는 아이돌을 열망합니다. 이모들은 율동과 노래를 잘하고 동생들을 살갑게 챙기는 유주에게 공립 유치원 선생님이 딱 이라고 권유합니다. 유주는 어떤 직업을 가졌나요? 여전히 씩씩하고 쾌활하겠지요?

숙녀가 된 유주라. 사실 좀 웃깁니다. 목욕하며 엉덩이를 사정없이 흔들고, 태권도에서 다리 찢기 실력을 다지며 찔찔 울다가도 금세 발차기를 뽐내는 아들 같은 딸이라서 그런가 봅니다. 어제는 도장에서 띠를 가지고 장난 쳐서 사범님께 띠압 당했다며 도복 바람으로 올라왔지 뭐예요? "폰압도 아니고 띠압이 뭐야?" 투덜거리면서도 노래를 흥얼거립니다.

쪼그만 녀석이 무슨 스트레스가 있다고 매운맛이 당긴답니까? 중독성 있다면서 우유에 씻은 떡볶이와 라면을 즐기는 초등학생은 여전히 빨간 음식을 좋아하는지요? 지금처럼 맑고 깨끗한 심성으로 건강한 매일을 만들어가고 있길 기도합니다.

퇴직하니까 홀가분하신가요? 고생 많으셨습니다. 부군께서는 일흔을 바라보는 연세가 되셨겠네요.

49세 남편은 운동에 열심입니다. 동료들과 지리산도 다녀오고, 혼자서 모악산이며 한라산도 틈틈이 오릅니다. 딸과 아내를 뒤에 태우고 텐덤 바이크 패달을 부지런히 밟습니다. 운명을 나누어 가진 두 사람이 함께 웃고 울고 원망하고 화해하고 이해했던 날들이 13년만큼 쌓였습니다. 앞으로 이 세월보다 곱절이나 긴 시간을 함께

할 테지요? 당신에게는 단 한 사람으로 남을 남자가 거실에서 곤한 낮잠을 자고 있습니다. 넉넉하게 이해하시지요? 저 남자에게도 같은 페이스로 운동하고, 같은 곳을 바라볼 수 있는 상대가 필요했음을, 기동력 있게 움직이며 나란히 자유로울 수 있는 벗이 필요했음을….

할아버지가 된 그를 아껴주십시오. 내가 가지지 못한 그의 자유를 어지간히 시샘했습니다. 눈먼 아내에게 가을을 알려주고 싶어 라이딩 중에 코스모스를 만져볼 수 있게 해준 남자라서, 아내가 좋아하는 안주에 맛있는 콩나물국까지 끓여 놓는 남자라서, 그리고 자기 인생을 통째로 내게 준 남자라서 더 바라는 것이 많았나 봅니다.

두 분 모두 명예롭게 은퇴하고 여유로운 노후를 보내고 계셨으면 좋겠습니다. 남편 고향 안동에 터를 잡으셨을 지도 모르겠네요. 매일 티격태격하겠지요? 두 양반이 건강하게 함께하시는데 무엇을 더 바라겠습니까?

당신이 글을 쓰고 계셨으면 합니다. 책을 8권쯤 출간한 중견 작가면 더 멋질 것 같고요. 숙녀 유주 남자친구에게 부끄럽지 않을 정도로만 외모를 관리하셨으면 좋겠고, 무엇보다 아프지 않으셨으면 합니다. 그러려면 당장이라도 무거운 이 엉덩이를 가만 둬서는 안 될 텐데요. 두 발을 부지런히 움직이는 남편을 본받아 집에서라도 빈틈없이 걷고 굴리고 매달려보겠습니다. 그래야 허리 꼿꼿한 당신을 만날 수 있을 테니까요.

그토록 바라던 유럽 여행은 다녀오셨습니까? 환갑이 되기 전, 한 살이라도 젊은 감각으로 다녀오시길 권장합니다. 당신의 6·70대 관점이 어디를 향해 열려 있을지 궁금합니다. 포착하고 해석하는 순간들이 아름다웠으면 합니다.

젊은 혈기로 No를 외칠 수 있다고, 그래도 된다고 스스로를 연마하는 중입니다. 당신은 노련하게 거절도 하시고 깔끔하되 정중한 No에도 유능하셨으면 좋겠습니다.

더 사랑하지 못했다고, 표현하지 못했다고 안타까울 일 없도록 끝까지 달려보겠습니다. 조금 어색해도 꾸준히 연습하다 보면 지혜로운 품행이 자연스러워질 날도 오겠지요? 노력해 보겠습니다. 당신과 기쁘게 만나기 위해서라도 성실하겠습니다.

저는 긍정과 부정의 감정을 모두 정제된 언어로 순화하여 말로 표현하기 연습을 약속드릴게요. 당신은 글쓰기 관련 일을 하며 제2의 인생을 살고 계시겠다고 약속해 주십시오. 어디서 누구와 무엇을 하고 있든 꼭 여덟 권 출간 이력을 가진 중견 작가가 되어 계시기로 말이에요. 존경하는 장영희 작가처럼 소탈하면서도 깊은 통찰이 묻어나는, 슬픈 마음 마음에 위로가 되는 작은 불씨 같은 글이면 충분합니다.

20년 가까이 주일마다 영혼의 양식을 공급해 주신 북일 교회 담임 목사님이 은퇴를 준비 중에 계십니다. 미련 없이 충성한 세월이었기에 떠나는 길도 아름다울 수 있음을 몸소 보여주시는 목자님이세요. 화끈하게 사랑하고, 사납게 순종하고, 정면으로 승부하는 우리 목사님 스타일로 인생의 황혼을 맞이하겠습니다. 기다려 주십시오. 먼 훗날 당신을 만날 때까지 비틀거릴지언정 포기하지는 않을 수 있도록 응원해 주십시오.

당신 심장이 뭉근한 불꽃처럼 붉은색이었으면 좋겠습니다. 뜨거운 눈물이, 두근거리는 설렘이 찰나의 순간이어도 생생하게 전율하셨으면 좋겠습니다. 더 깊어진 시선으로 그윽하게 감동하고 감사하겠노라 약속해 주십시오.

당신을 사랑합니다. 장애에 매몰되어 상처 내고 밀어냈던 스스로에게 미안해서라도 오롯이 사랑하겠습니다. 기필코 사랑에 매진해 보겠습니다.

당신과 가족들 모두 행복하시기를 기원합니다.

2020년 10월 25일 오후 10시 29분

쓰기의 마력

　자칭 문장 수집가인 은유 작가를 알게 되고 전국 점자도서관을 샅샅이 뒤졌다. 《쓰기의 말들》, 《글쓰기의 최전선》, 《싸울 때마다 투명해진다》 등 그녀의 글쓰기 노하우가 담긴 산문집이 발견될 때마다 다급하게 책마루 버튼을 눌렀다. 실명하고 30년이 넘도록 내 취미는 독서였다.
　무언가를 끄적거리는 행위는 유일한 숨통이었다. 학창 시절, 점자로 쓴 일기를 깔끔하게 제본하기 위해 대형 서점을 전전하며 각종 바인더 북을 샀다. 부피가 큰 점자 일기는 라면 박스에 차곡차곡 담았다.
　저자는 '쓰는 사람들의 모임'을 슬픔의 공동체라고 일컬었다. 글쓰기 교재로 슬픈 책을 선정하는 이유가 기쁨은 누구와도 나눌 수 있지만 슬픔은 그렇지 않기 때문이라고 했다. 정식 글쓰기 훈련을 받은 적 없는 저자가 덤덤하지만 날카롭게 풀어내는 문장들에 금세 매료되었다.

나는 사소하거나 그렇지 않은 물리적 제약 앞에 사납게 저항하기보다는 체념을 택하는 유형의 인간이다. 묵묵히 인내하거나 포기하는 것에 이골이 났고, 굳이 능동적이지 않으며 미련하다 싶을 만큼 무난한 평화주의자다. 7년간 동거했던 안내견이 은퇴했을 때에도 산책하고 싶은 열망을 꾸역꾸역 삼켰다. 답답한 순간마다 내가 할 수 있는 것은 울거나 쓰는 일뿐이었다.

작가는 청소년들이 사회적 표정이 없는 사람들이라고 말했다. 중·고등학생 대상으로 글쓰기 수업을 나가 칭찬하는 뜻으로 '어떻게 학생들이 이렇게 글을 잘 써요?' 했다가 '어떻게 여자가 글을 이렇게 잘 쓰나요?'라는 질문을 받으시면 기분이 어떠시겠냐는 반격에 투명한 편견을 깨달았다고도 했다.

장애가 있어서인지 '편견'이라는 단어를 수시로 체감한다. '사회적 표정'에도 마음이 오래 머물렀다. 장애인이 되고나서 못내 서걱거리는 인간관계망이 꽤 불편했다. 실명하기 전 절친했던 친구와 멀어진 느낌이 들 때라든지, 낯선 사람들을 만났을 때, 딸 유주의 티 없는 행동에 필요 이상의 우려 섞인 해석들이 난무할 때, 내 장애가 두드러질 때마다 고슴도치처럼 온몸에 가시를 세웠다.

실명한 후 거울 앞에 선 적이 없다. 사진 찍는 것도 좋아하지 않게 되었다. 그러면서 표정에 대한 관심이 점점 흐려졌다. 특히 소리가 없는 공간에서는 곁에 사람이 있다는 것조차 까맣게 잊어버릴 만큼 내 안에 매몰되어 버릴 때가 있다. 그럴 때 내 표정이 주변 사람들에게 무방비로 노출되고 만다는 사실을 지난 세월 동안 미처 인식하지 못했다.

감정을 굳이 포장하거나 숨기지 않는 청소년들의 표현 방식이 성장 과정에서 자연스럽게 표출되는 건강한 내적 변화라면 시각장애인들의 무표정이나 화난 것 같은 무감한 얼굴은 사회적 기술 측면에서 훈련받아야 할 중요한 영역이라고 생각했다. 로봇처럼 딱딱하게 굳은 표정 혹은 완전히 자기 세계에 몰입한 나머지 지금 이 공간을 까맣게 잊은 듯한 얼굴들이 아무래도 비장애인 눈에는 다소 거북하게 느껴지지 않았을까?

한편 저자는 내면의 아픔을 글로 쓸 거냐, 술로 풀 거냐를 수시로 갈등한다고 했다. 나 역시 저녁마다 맥주와 넷북 사이에서 갈팡질팡 너무나 익숙한 순간이었으므로 웃음이 나왔다. 마음대로 외출하기 어려운 날이면 맥주를 마시며 하염없이 화면 해설 드라마를 들었다. 책이나 드라마, 영화는 감정의 열기를 식혀 주었다. 쓰는 작업은 마음의 묵은 때를 깨끗하게 밀어낸 것 같은 개운함을 주었다. 글쓰기가 주는 건전한 카타르시스에 중독되어 쓰기를 사랑하게 되었는지 모르겠다. 미치게 존경하는 작가도 여럿이다. 김학 스승님을 비롯하여 장강명, 정유정, 오쿠다히데오, 미우라 아야코 등 헤아릴 수 없다.

《다가오는 말들》을 펴낸 은유 작가 북 콘서트에 직접 다녀왔다. 서울 은평구 증산 도서관에 참가 신청하는 순간부터 심장이 뜨거워졌다. 작가 목소리를 직접 듣고, 몇 마디 이야기도 나누었다. 잘 쓰고 싶다. 체념의 달인인 나도 글쓰기에서만큼은 낯선 욕망이 꿈틀거린다.

좋은 책을 읽고, 사랑하는 저자의 신간을 검색하고, 대체 도서* 제작을 신청하는 사이버 공간에서만큼은 두 눈 감은 나도 자유다. 꼬리에 꼬리를 무는 생각을 가지런히 써 내려간다. 오롯이 나를 발견하고 공부하는 시간이다. 있는 그대로의 나를 안아 주는 치유의 쓰기다.

---

* 대체 도서: 시각 장애인을 포함한 독서 장애인이 읽을 수 있는 형태의 점자책, 녹음 도서, 오디오 북, 촉각 도서, 큰 활자책 등.

나의 19호실은 어디에

도리스 레싱의 《19호실로 가다》를 읽었다. "이것은 지성의 실패에 관한 이야기라고 할 수 있다."로 시작되는 소설은 첫 문장부터 의미심장했다. 매슈와 수전 부부는 각자 사회에서 인정받는 인재였고, 서로의 균형 감각을 잘 알았다. 건강한 네 아이를 낳아 기르는 동안 수전은 집안에 상주하는 공기 같은 존재가 되었다. 사소하고도 지속적인 선택과 판단을 책임지며 가사 도우미 파크스 부인에게 지시하고 영혼 없는 담소를 나누는 데에도 성실했다.

매슈와의 관계에 특별한 문제는 없었다. 한 인간으로서 자아를 마주할 수 있는 절대적 고독을 갈망했을 뿐. 수전이 평범한 익명의 장소를 획득하기까지는 복잡한 착오와 오해, 구구한 설명이 필요했다. 마침내 더러운 유리창에 '프레드 호텔'이라고 적혀 있는 곳을 보고 만족스러운 표정을 지었다. 단돈 8실링, 우리 돈으로 60,000원이면 빌릴 수 있는 방이었다. 누추해도 상관없었다. 수전은 프레드 호텔 19호실에서야 비로소 완벽한 혼자가 되었다. 선택의 여지없이 시각장애인이 된 내게도 절대적 고독에 대한 열망은 있다.

맹인에게 사생활은 없다. 어디를 가나 주변 시선을 사로잡고 마는 흰지팡이와 초점 없는 눈동자는 타인들의 뇌리에 내 이미지를 선명하게 찍어 놓고 만다. 혼자가 되고 싶을 때마다 다른 이들의 시선을 의식할 수도 의식하지 않을 수도 없는 맹인은 무의미한 피로감에 지칠 때가 있다.

나만의 19호실을 누리지 못하는 데엔 내 뿌리 깊은 두려움도 한몫한다. 절대적 고독을 갈망하면서도 막상 혼자가 되면 나도 모르게 주변 상황에 신경을 곤두세운다. 벌레라도 한 마리 감지되는 순간이면 그놈의 정체가 벌이나 지네일지 모른다는 불안에 허망하게 압도당한다.

이슬아나 요조 같은 젊은 여성 작가들이 세계 각국을 혼자 여행했다는 글을 보면 나는 그녀들의 용기와 자기 결정권이 그렇게 부러울 수 없다. 낯선 환경에서 노바디가 되어 오롯이 자신에게 침잠할 수 있고, 그렇게 충족되는 자기 취향의 시간은 얼마나 꿀 같을까?

김영하 작가는 《여행의 이유》에서 노바디가 되는 해방감에 대해 말했다. 아무도 나를 모르고, 내가 소속되지 않은 이국땅에서 맛볼 수 있는 자유로움에 대해, 그것이야말로 여행의 이유라고, 기꺼이 노바디가 되어볼 만하다고 썼다.

흰지팡이는 들었어도 초라하기는 싫었다. 위축된 마음을 감추고 싶어서 필요 이상 웃거나 공손했다. 퇴근 후 단 한 시간이라도 규칙적으로 쓰고 읽는 시간을 만들고 싶어 오랫동안 궁리했다. 여느 작가들처럼 분위기 좋은 단골 카페를 물색해볼까도 생각했지만 용기가 모자랐다.

점자도서관은 차로 30분 이상 가야 닿을 수 있는 거리에 있었다. 안전하되 방해받지 않는 공간이었으면 했다. 고심 끝에 장애인실이 갖추어져 있다는 시립 도서관을 찾았지만 이용자가 없어서인지 장애인실 본래의 기능을 할 수 없는 형편이었다. 번거로운 절차를 감수하고 정비를 요청했다.

수전이 허름한 프레드 호텔 19호실을 찾기까지 거쳐야 했던 집안 옥탑방이나 시내 쾌적한 호텔방에서의 실패처럼 내가 장애인실에 안착하기까지는 구구하고 장황한 설명과 느리게 흐르는 시간을 지불해야 했다.

드디어 장애인실 정비가 완료되었다는 전갈을 받았다. 반가운 마음으로 달려간 도서관은 코로나19 때문에 대출 업무만 가능했다. 시립도서관 운영이 언제쯤 재개될지는 아무도 예측할 수 없었다. 화장실 위치를 확인하고 정비된 장애인실 시설을 잠깐 구경했다. 당장이라도 노트북을 펴놓고 앉아 무한 독서에 몰입하고 싶었지만 별수 없이 돌아섰다.

포스트 코로나 시대를 맞이한 인류는 비대면, 온라인 수업, 소그룹, 사회적 거리, 공적 마스크, 다중이용시설 금지 등의 경고 문구로 겹겹이 무장되었다. 코로나19 바이러스가 깨끗하게 종식되었으면 좋겠다. K방역의 나라 대한민국이니까. 그리하여 딸 유주 얼굴의 답답한 마스크도, 기약 없는 시립 도서관 휴관 조치도 휘이휘이 시원하게 풀렸으면 좋겠다.

물처럼 살고 싶어

　비 온 뒤 청량한 공기가 상쾌하다. 바쁘게 출근을 준비하며 모처럼 보온병에 커피를 챙겼다. 평화로운 루틴에 감사하며 K 활동 보조 선생님 차를 탔다.
　1교시 T전화 그룹콜로 온라인 수업을 했다. 한 달 남짓 해오다 보니 새로운 수업 형태인데도 무리 없이 적응했다. 코로나19가 하루속히 잠식되기 바라며 등교 개학을 손꼽는다. 꺼질 듯 꺼지지 않는 감염의 불씨가 곳곳에서 우리를 위협한다. 요 며칠 사납게 쏟아지던 빗줄기에 먼지가 씻겨 나가듯 코로나19 바이러스가 말끔히 사라지면 얼마나 좋을까!
　비가 좋다. 대지를 적시며 모든 생명체의 숨통을 푸르게 터주는 넉넉함이 좋고, 마음의 묵은 때를 말끔하게 씻어 주는 것 같아 언제나 반갑다. 휴대폰으로 빗소리 ASMR을 다운로드하여 듣고 있으면 바깥 풍경과는 관계없이 귀가 빗소리로 가득 찬다. 내 세계가 열리는 문인 두 귀가 메마른 가슴에 단비를 뿌려주는 느낌에 울컥해질 때도 있다. 막 설거지한 그릇이나 물을 흠뻑 머금은 화분에서는 시작의 기운이 묻어난다.

사랑하는 커피, 그리고 와인이나 맥주는 나른한 온기가 된다. 반신욕으로 찰랑이는 물결은 수억만 개 세포에 산소 머금은 붉은 피를 보낸다. 사는 게 거짓말 같아서 미치고 싶을 때는 눈물이 분노를 씻어내고, 거대한 물보라로 출렁거리는 파도가 내 미미한 한숨을 덮어 준다.

워터 슬라이드에 몸을 싣고 기세 좋게 미끄러지는 딸 유주 환호가 꿈같다. 진흙으로 진창이 된 어린아이들 신발과 손과 옷이 시원한 물줄기에 때를 벗는다. 굳었던 얼룩을 녹이고 희석의 묘미를 아는 물은 고집도 욕심도 없이 흘러간다. 수용하지 못할 부피가 침범했을 때는 지체 없이 자기를 버림으로써 자리를 내어 주고, 아집도 저항도 없이 묵묵하다.

집채만 한 배를 띄워 주며 더 큰 세계에서 하나가 된다. 잘 섞이고 스미며 자정하는 의연함까지 물은 성직자를 닮았다. 맹렬히 타오르는 불길을 잠재우고, 색깔도 맛도 향도 없이 순하게 포용하는 미덕이 아름답다. 물처럼 살 수 있을까?

작은 얼음 틀에 갇혀서 꽁꽁 얼어버린 얼음 조각같이 좁고 뾰족한 시선으로 세상을 바라봤다. 크고 넓은 곳을 향해 유연하게 흘러가도 좋았을 지난날들이 후회스럽다. 정직하게 스스로를 마주하면 길이 보일까?

깊게 파인 감정의 골도 피곤한 주름살도 굽이굽이 흘러서 마침내 드넓은 바다에 닿으면 기적 같은 화합의 물살이 지친 우리를 맞아줄까?

습지는 온갖 생명체를 잉태하고 번식시키며 성장하게 한다. 자유로운 영혼으로 경계 없는 습지 주의자로 살고 싶다. 때로는 형체 없는 수증기로 기화되어 없는 듯 느긋했다가 순서가 되면 무한히 순환하는 물의 그 침착함을 닮고 싶다. 먼 길 흘러 흘러 마침내 닿는 곳에 당신이 있었으면 좋겠다.

무창포 갈매기에게

 작별 인사도 못하고 왔어. 갈매기야, 우리 언제 다시 만날지 모르는데, 다시 무창포에 갔을 때 하늘에서 날고 있는 갈매기가 너일지 나로서는 알 길이 없는데 너무 싱겁게 헤어져 버렸구나.
 무창포에 갈 때마다 그림의 떡 같은 새벽을 안타까워한단다. 새벽잠 없는 내가 바닷가 근처 숙소에서 아침을 맞으려니 밖으로 뛰어나가고 싶은 거친 충동에 몸살을 앓게 되지 뭐니? 단잠에 빠진 남편을 주책없이 흔들어 깨울 수도 없고, 혼자 지팡이 펴고 코레일 수련원 밖을 헤매기도 뭣해서 매번 이어폰으로 귀를 막은 채 긴 시간을 보낸단다.
 오늘 새벽엔 〈사바하〉라는 화면 해설 소리 영화를 들었어. 꽤나 어둡고 무거운 내용이더구나. 종교 관련 범죄를 파헤치는 어느 목사의 추적극이 담겨 있었지. 두 시간 넘는 분량이 긴 새벽을 채워주기 적합할 것 같아 선택했는데, 스릴러를 좋아함에도 듣기가 만만치 않았어. 잔인하고 기괴하고 악귀들이 참혹한 몰골로 나타났다 사라지고, 무엇보다 한 인간의 탐욕과 헛된 믿음이 얼마나 많은 생명을 해칠 수 있는지 씁쓸해지는 결말이었어.

극중 박 목사가 억울하게 죽어가는 정나한에게 자기 옷을 벗어 덮어 주는 모습이 예수님의 사랑인가 싶었지. 엄연한 인간을 신이라고 믿고 추종하는 무리들이 이 땅에는 의외로 많은가 봐.

갈매기야, 너는 하늘을 날면서 무슨 생각을 하니? 말도 안 되는 인간 군상을 구경하며 가끔 한숨을 쉬지는 않니?

내가 살고 있는 아랫 세상에는 '코로나19'라는 신종 바이러스 감염 사태가 걷잡을 수 없이 확산되고 있구나. 중국 우한에서 시작되었다고 알려진 바이러스가 세계 곳곳으로 퍼져 감에 따라 사망자도 속출하고 있는 실정이란다. 마스크가 동나고 외출이 무서워진 것도 한 달이 넘어가는데 이젠 지역사회 감염까지 기하급수적으로 늘고 있어 큰 걱정이야.

'신천지'라는 거대한 사이비 종교 단체에서 감염자가 나오고, 전국 곳곳에 퍼져 있는 신도들이 속속 확진 판정을 받고 있구나.

어제 널 만났을 땐 갈매기가 그렇게 낮게 날며 수다스러운 소리를 낸다는 사실에 깜짝 놀랐단다. 그간 수차례 무창포 바다를 갔었지만 갈매기 소리는 그냥 무심히 넘겨왔으니까. 네 목소리가 너무 힘차고 수다스러워서 이렇게 편지까지 쓰게 되었구나. 역시 내 뇌를 작동시키는 건 소리였던 거야.

문득 부러웠단다. 무창포 바다를 통째로 가진 네가, 아무 때고 날개를 펼쳐 훨훨 날아다닐 수 있는 네가, 유리벽 같은 편견 따위 신경 쓰지 않고 살아도 되는 네가….

새벽 바다는 어떤 얼굴을 하고 있니? 뜨거운 여름 한낮, 아이들의 함성 가득한 바다와는 확연히 다른 표정이겠지? 아무도 없는 한적한 바다를 열망하는 나로서는 시시각각 바다를 독점할 수 있는 너의 그 자유가 참말로 부럽구나.

실로 오랜만에 무창포 바닷가 모래를 밟으면서 마음이 가볍지 않았던 사연은 이랬단다. 여섯 개 손과 어깨에 짐을 바리바리 싸들고 우리 세 식구가 숙소에 입실했지. 먼저 주방 식기들을 모조리 꺼내 설거지를 했어. 쌀을 씻어 저녁 준비를 해 두고 즐거운 맘으로 숙소를 나선 거야.

코레일 수련원인 그곳에서는 종종 남편 지인들을 만나곤 해. 그런데 하필 어제 그 시점에 숙소 로비 계단참에서 나는 발을 헛디뎌 넘어졌고, 얄궂게도 그 순간 남편 지인이 반갑게 인사를 건넨 거지.

"부역장님 진짜 오랜만이네요. 내가 코레일 TV 다 봤지. 반가워요. 잘 지내시죠?"

남편과 그는 잠깐 아주 반갑게 담소를 나누었어. 딸 유주가 공손히 그에게 인사하고 나도 웃으며 목례했지.

2007년, 우리가 결혼하고 코레일 사내 TV를 촬영한 적이 있었어. 안내견과 탑승할 수 있는 철도를 자연스럽게 홍보하며 남편 러브 스토리를 〈접속〉 영화 콘셉트로 찍었었지. 그 바람에 남편은 코레일에서 유명 인사가 되었고. 남자의 사랑이 빛날수록 여자의 장애가 빈곤하게 부각됐어.

아주 잠깐 기분이 흐려졌지만 갈매기 네 요란한 목소리에 금세 웃을 수 있었단다. 너를 보자마자 갈매기살이 먹고 싶다고 명랑하게 말했던 뽀글 머리 아저씨 말은 못 들은 걸로 해주렴.

코로나19 사태 때문인지 바닷가는 텅 비어 있더구나. 유주가 신나게 돌멩이를 던졌지. 5분 남짓 파도 소리를 들었어. 한나절 정도 그곳에 앉아서 파도 소리에 푹 잠겨 보고 싶었지만 신발을 적셔 버린 유주가 추울까 싶어 얼른 엉덩이를 털고 일어났단다.

한약을 먹느라 돼지고기와 밀가루 금지령을 받은 남편이 모녀를 위해 삼겹살을 구웠어. 각종 쌈 채소와 양파, 마늘, 쌈 무까지 완벽한 식탁이었지. 삼겹살에 소주라면 사족을 못 쓰는 남편이 얼마나 먹고 싶었을까? 소고기 치맛살과 채끝살을 구웠지만 지글지글 고소하게 익어가는 삼겹살 냄새는 그에게 가히 뼈를 깎는 고통이었을 거야.

갈매기야, 너는 끼니 걱정 않고 살 수 있어 좋겠다. 하루 세 끼 식탁을 차려내야 하는 주부들은 무한 반복되는 반찬 걱정에 딱 부러지는 묘안을 찾기 힘들잖니? 어린이를 키우는 입장이 되고 보니 영양가 있는 음식을 먹여야 한다는 부담은 큰데 요리 솜씨가 없어 무거운 마음일 때가 많단다. 오늘 점심에도 별 수 없이 유주가 사랑하는 안성탕면을 끓여주고 말았구나.

갈매기야, 내 얘기 들어줘서 고맙다. 무창포 바다는 너의 찬란한 자유로 기억될 거야. 높이높이, 멀리멀리 날으렴.

책마루를 아시나요?

나는 자타가 공인하는 책벌레다. 점자책, 녹음도서, 데이지*를 막론하고 내 주변에는 반드시 책이 있어야 한다. 시각장애인 보조공학기기가 발달한 덕에 독서 생활은 풍요롭다.

처음 점자를 배운 건 초등학교 6학년 때였다. 나처럼 눈이 좋지 않은 학생들만 따로 모여서 공부한다는 특수 중학교 입학을 준비하면서였다. 잠실에 위치한 복지관에서 재활교육을 받으며 녹음도서라는 매체를 알았다. 마침 점점 나빠지는 눈 때문에 바깥 활동이 불편해지고 있었다.

---

* 데이지(DAISY): Digital Accessible Information SYstem의 약어로 1988년 스웨덴 국립 녹음 점자도서관이 최초로 연구 개발한 디지털 녹음도서 제작기술이다.

전문 성우들의 재능 기부로 다달이 제작된다는 소리잡지를 처음 받았을 때는 카세트 플레이어에 테이프를 꽂아서 들었다. 리더스 다이제스트, 샘터 등 4종의 월간지를 받았다. 다 듣고 난 뒤에 주소가 적힌 카드를 뒤집어 우체통에 넣으면 무료로 반송 처리되었다.

서울맹학교에서 중·고등부 과정을 공부했다. 도스 환경에서 컴퓨터를 배웠고 '가라사대'라는 음성 카드로 독서했다. 듣기에 썩 좋은 목소리는 아니었지만 컴퓨터가 있어 PC통신도, 독서 생활도 가능했다.

대학 진학을 하고부터는 테이프보다 CD 형태로 녹음도서가 제공됐다. 전문 성우와 순수 자원 봉사자들의 노고 덕분에 나는 학창 시절, 《태백산맥》, 《아리랑》, 《여명의 눈동자》 같은 대작은 물론 《앵무새 죽이기》, 《무궁화 꽃이 피었습니다》 등 베스트셀러 도서를 무리 없이 접할 수 있었다.

2003년 국내 시각장애인들에게 '한소네'라는 무지점자정보단말기가 보급됐다. 점자 노트북이라고 할 수 있는 한소네를 사용하면 굳이 종이 점자책을 고집할 이유가 없었다. 신속하고 간편하게 신간 도서를 읽을 수 있었고, 부피가 큰 점자책을 보관해야 하는 수고도 덜 수 있었다. 점자 전자책 개념으로 한소네는 시각장애인 삶에 획기적인 변화를 가져다주었다. 인기 노트북 모델이 시즌별로 업그레이드 되 듯 한소네도 벌써 다섯 번째 모델이 출시됐다.

최근 몇 년 간 보조공학기기는 급물살을 타고 발전했다. 그중에서도 '책마루'는 책 벌레인 내게 단연 으뜸 아이템이다. 우선 이 녀석은 휴대폰처럼 작고 가볍다. 라디오는 물론 데이지나 텍스트·한글 파일을 음성으로 재생시킬 수 있다. 심지어 카메라로 인쇄물을 촬영하면 즉석에서 내용을 확인해 주기까지 한다. 찬장 속 라면이 신라면인지 짜파게티인지 모를 때나 책상 위의 종이 한 장을 버려도 되는 건지 아닌지를 판단할 수 있게 도와준다. mp3 플레이어를 비롯하여 무선랜 및 블루투스 기능까지 겸비한 재주꾼이요, 계산기에 알람, 국립중앙도서관 자료까지 손쉽게 검색해 주는 정보왕이다.

  딸아이를 출산할 때 분만실 침대 머리맡에도 '책마루'가 있었다. 간격을 좁혀 오는 진통을 책마루가 들려주는 찬양으로 달랬다. 딸아이가 배밀이를 하고 네 발로 기기 시작했을 땐 유아 놀이 체육 음원을 틀어 놓고 책마루를 조금씩 옮겨 가며 아이가 더 움직일 수 있게 유인 작전을 펼쳤다. 책마루는 딸아이의 옹아리부터 3학년 국어책 읽는 목소리까지 생생하게 저장했다. 그뿐인가. 목도 쉬지 않는 녀석은 밤새도록 군말 없이 책을 읽어 준다. 이 친구가 지난 10여 년간 읽어준 책이 수천 권은 족히 넘으리라.

  내가 물건을 더듬어 찾다가 실수로 '책마루'를 떨어뜨려 배터리가 분리된 채 바닥에 나뒹군 것이 대체 몇 번이었던가? 충전 어댑터를 잘 못 꽂는 바람에 내부 화상을 입고 응급 수술을 받은 적도 있었다. 앞 못 보는 주인 손에 고초를 겪으면서도 '책마루'는 여전히 건재하다. 무슨 일이 있어도 내 머리맡에 있어야 하고, 어디를 가든 내 가방 안에 함께해야 하는 '책마루'는 누가 뭐래도 인생 최고 찐친이다.

시각장애인 복지관에서는 저작권법에 의거하여 '한소네'나 '책마루'에서만 재생시킬 수 있는 형태로 신간 도서를 보급해 준다. 얼마나 고마운가!

선택의 여지없이 장애인이 되었다. 억울하고 원통하지만 내 손안에 책이 있는 한 버틸 수 있다.

늦은 밤 '책마루' 취침 예약 기능을 설정하고 잠들었다. 기상 시각도 '책마루'로 확인한다. 하루의 시작도 끝도 무조건 책이다. 나에게 '책'은 밥이고 술이고 약이고 숨이다.

화장실에서 깨우친 감정코칭

온라인 강좌로 감정코칭 연수를 들었다. 최성애 교수님 강의였다. 교수님은 이 분야에서 정통한 전문가다. 남편 조벽 교수와도 함께 여러 저서를 출간했다. 청소년들은 물론 성인들을 대상으로도 왕성한 상담 활동을 펼치고 있었다.

30시간 강의는 흥미로웠고 유익했다. 감정의 정체성을 파악하여 공감하고, 나아가 바람직한 방향으로 처리하는 기술을 공부하는 과정이었다.

감정코칭 5단계를 외웠다. 누구나 쉽게 이해할 수 있는 대화법과 역할극을 통해 '공감'의 위력이 얼마나 큰 것인지 알았다. 당장이라도 배운 대로 하면 내 감정을 성숙하게 처리할 수 있을 것 같았다.

학급에서 가장 교사를 힘들게 하는 학생을 선정하여 그 학생 장점을 50가지 작성하는 과제를 별 무게감 없이 제출했다. 교수님의 피드백을 통해 타인의 단점을 장점으로 해석할 수 있다는 사실을 배웠다. 이수증을 출력했다. 하지만 현실에서 시시각각 맞닥뜨리는 감정의 소요는 녹록지 않았고, 나는 여전히 미숙했다.

'후련함'이라는 단어를 좋아하지만 인간관계 속에서 내가 그런 느낌을 가져본 적은 별로 없다. 참고 삭히고 양보해 버리는 것에 익숙한 나로서는 그냥 그렇게 굳이 무언가를 고집하지 않는 태도가 차라리 편했다.

임신 중반부에 극심한 변비로 고생한 일이 있다. '화장실에서 정말 사람이 죽을 수 있겠구나.' 웅얼거리며 식은땀 흘렸던 기억이 생생하다. 쾌변하는 것처럼 감정도 건강하게 소화시킬 수 있다면 얼마나 좋을까?

최근 우리나라 국민들의 대장암 발병률이 급격히 증가했다는 보도를 봤다. 인스턴트식품 위주 식생활로 인한 섬유질 섭취 감소가 주된 원인이란다. 변비는 대장이 운동하지 않아서, 설사는 대장이 수분을 흡수하지 못해서 유발되는데, 우리네 감정 표현 방식도 이와 닮은꼴이 아닌가?

성급하고 경솔한 사람의 경우 설사가 쏟아지듯 거침없는 언행으로 상대방을 무차별 공격한다. 반면 자신의 감정을 솔직하게 털어놓지 못하고 속으로만 끙끙 앓는 사람은 대장 안에 변이 가득 차 독가스가 발생하여 만성 질환으로 병을 키우는 경우처럼 자신을 더 깊은 수렁 속으로 밀어 넣는다.

　건강한 대장을 지키기 위해서는 하루 한 번 규칙적인 배변, 적당한 운동, 채식 위주의 식사를 꾸준히 해야 하는 것처럼 성숙한 감정 처리도 의식적인 노력이 필요하다. 우선 내 마음을 메우고 있는 감정의 정체가 무엇인지를 파악하고 마주한다. 얽히고설킨 감정의 실타래를 풀기 위한 가장 쉬울 것 같은 방법을 모색한다. 아주 작은 실천 과제부터 한 단계씩 개선해 나간다.

　여전히 나는 감정 변비에 시달린다. 감정 쾌변을 위하여 매번 관장을 결심해 보지만…. 가장 최선의 처방은 해묵은 감정 응어리, 곧 숙변부터 시원하게 제거하는 것이리라.

　말 버튼을 눌러보자. 원만한 관계는 확고한 의지가, 성숙한 소통이 전제되어야 비로소 완성된다. 열린 마음으로 대화할 때 상대방 진심이 보이는 법이다. 닫힌 마음을 열어야 딱딱하게 굳은 감정 덩어리가 배출된다. 나를 방어하지 않을 때 치유의 문이 열린다.

거북에 얽힌 사연

나의 취미는 독서다. 두 눈으로 책을 볼 수 없어 주로 귀를 이용하여 녹음도서, 점자도서, '데이지'라는 시각장애인 전용 파일 형태로 책을 듣는다. 전문 성우들에게 일정 기간 교육 받고 육성으로 녹음 작업해 주시는 아름다운 봉사자님들 덕분에 중학교 시절부터 다독가였다.

학창 시절, 특수학교에 몸담고 있으면서도 장애를 인정하기 싫었다. 바깥 활동이 자유롭지 못해 책 속 세계에 몰입했다. 서서히 진행되는 녹내장은 멀쩡한 내 두 발을 집 안에 묶어 놓았다. 그 시절 나에게 독서란 도피처가 아니었을까? 현실을 잊을 수 있었다. 몇 시간이고 몰입할 수 있는 끝 간 데 없는 침잠이 나를 안도하게 했다.

주로 장편소설을 들었다. 조정래의 《아리랑》,《태백산맥》,《한강》

을 비롯하여 최명희《혼불》, 박종화《세종대왕》, 문순태《타오르는 강》, 김주영《객주》 등이 기억난다. 수필 문학을 비롯해《샘터》,《리더스 다이제스트》 등도 좋은 친구였다.

책을 통해 알게 되는 지구촌 소식이나 소설 속 인물들이 살아가는 여정은 우물 안 개구리 같은 내 삶에 커다란 위안이 되었다. 혼자서 듣고 읽고 쓰는 작업은 복잡한 감정을 고요히 정리하는 힘이었다.

독서뿐 아니라 나는 모든 일상을 귀로 해결한다. 컴퓨터도 화면을 읽어주는 프로그램을 설치하여 사용하고, 휴대폰도 보이스오버를 활용하여 모든 메뉴를 음성으로 처리한다. 나에게 귀가 없었다면? 헬렌 켈러는 앞을 보지 못하고, 듣지도, 말하지도 못했다는데….

한가로운 아침, 여유롭게 커피 향을 음미하며 이불 속에서 녹음 도서를 들을 때면 행복을 체감한다. 온몸의 긴장을 풀고 흥미로운 소설이나 교양서적에 귀를 기울이고 있자면 참말로 세상에 부러울 것이 없다. 그렇게 몰입하는 동안만큼은 나의 장애도 삶의 무게도 다 잊어버릴 수 있기에….

책상에 앉아 작업하거나 손이 쉬게 될 때면 습관적으로 종이 거북을 접는다. 귀로는 무언가를 듣고 있지만 의자에 멍하니 앉아 있으면 집중력이 흐트러지기도 하고, 때론 잠이 오기도 하여 손을 움직여 보자는 의도로 시작한 작업이었다. 감정적으로 견디기 힘든 순간이나 펑펑 울고 싶을 때에도 귀에 이어폰을 꽂은 채 거북을 접었다. 그렇게 태어난 종이 거북이 수만 마리는 족히 넘으리라.

초등학교에 다닐 때였다. 아빠가 바닷가에서 낚시를 하다가 주웠다며 거북을 집에 가지고 오셨다. 생전 처음 보는 거북은 무척 딱딱한 등을 가지고 있었다.

진짜 느릿느릿 기었다. 그 녀석이 아빠 차에 실려 우리 집까지 살아서 왔다는 것도 무척이나 신기했지만 꼬물꼬물 천천히 기어가는 모습이 귀여웠다. 무엇이 그렇게 겁나는지 나와 동생들이 와르르 몰려가 구경할라치면 잽싸게 머리와 네 발을 등딱지 속에 감춰버렸다.

동화책 속에서만 보았던 거북을 실물로 본다는 것이 열 살 남짓 내게는 무척 이채로운 경험이었다. 300년이나 산다는 거북을 그대로 우리 집에 놓아두면 안 된다면서 엄마는 인천으로 향했다. 엄마를 따라 월미도까지 간 우리 세 자매는 들뜬 마음으로 유람선에 올랐다. 하얗게 부서지는 파도를 바라보며 먼 바다까지 나왔다 싶을 때 엄마는 거북을 꺼냈다. 우리는 모두 "안녕!" 하며 그 녀석을 바다로 돌려보냈다.

"풍덩!" 소리가 생각보다 컸다. 어린 세 자매에게는 그 순간이 뇌리에 찍힌 사진처럼 명징한 추억이 되었다. 그날 본 넓고 푸른 바다가, 유람선에서 설레는 가슴으로 거북을 보내주던 유년 시절이 그립다. 중년이 된 나는 두 눈을 감고서 온몸의 촉수를 곤두세운 채 치열하게 살고 있다. 열등감과 자존감 사이를 외줄 타며 나를 다져간다.

때로는 외로움에 몸서리치고, 하필이면 장애인으로 살아가야 할 내 운명이 못 견디게 억울해서 피눈물 쏟을 때도 있다. 그럴 때마다 붙들어 주시는 하나님이 계셔서 다행이다. 전폭적인 지지를 보내주는 친정 어머니가 계시고, 순수한 사랑으로 평생을 약속한 남편이 있다.

무엇보다 나를 살게 하는 이유이자 미소 천사인 유주가 있어 위태롭지만 무탈하게 인생의 고비고비를 넘어간다. 온전히 내 몫인 감정을 조련할 때엔 손이 종이 거북을 접는다. 색색의 감정을 등딱지에 담고 태어난 거북들은 예쁜 유리병에 담겨 고유한 소우주로 떠나간다.

인천 월미도 깊은 바다로 돌아간 거북은 지금도 잘 살고 있을까? 유리병에 담긴 종이 거북과 바닷속 거북은 서로의 존재를 알까?

종이 거북들은 다른 세계를 사는 사람들과 나를 연결해 주는 고마운 다리가 된다. 방송을 들으며 흠모했던 연예인이나 좋아하는 작가들에게 보낸 거북들은 실제 그 인물과 문자를 나누는 짜릿한 순간을 선사했다.

나의 일상은 매우 단조롭고 행동반경도 좁다. 하여 종이 거북들에게 주문을 건다.

"더 먼 세계로 떠나 부디 낯선 공기를 전해다오. 내가 존경하는 작가들에게 나의 사랑과 응원의 마음을 전해다오. 치열하게 한 길을 걷는 멋진 이들의 기운을 보내다오."

나는 오늘도 무심히 거북을 접는다. 이 녀석들이 가져다 줄 넓은 세상의 공기와 인연을 꿈꾸며….

태풍 솔릭이 지나가다

태풍 솔릭이 생각보다 얌전하게 지나갔다. 휴업을 했고, 텅 빈 교실 건물 전체 창문을 꼼꼼하게 단속했다. 2002년부터 몸담고 있는 우리 학교는 나와 함께 열여섯 살을 먹었다. 건물 높이가 달라졌고, 운동장 한편에 신축 건물이 생겼는가 하면, 푸른 잔디와 나무가 우거진 학교 숲이 가꾸어졌다.

여름방학을 맞아 화면 해설 드라마를 검색했다. 《스케치, 내일을 그리는 손》이라는 제목에 호기심이 동했다.

여주인공 시현은 경찰특공대다. 시현에게는 미래 범죄사건 현장을 스케치할 수 있는 기이한 능력이 있다. 어느 순간 머리가 깨질 듯 아파오면 홀린 듯 시현의 손이 그림을 그린다. 정신이 든 뒤 스케치를 분석하면 특정 시각과 사건 현장이 실제와 놀랍도록 정확하게 일치된다. 시현의 능력을 알게 된 경찰 본부는 특수 수사팀을 꾸린다. 그림을 단서로 하여 사건의 피해자를 보호하기 위해 필사적으로 뛰어다니는 경찰들은 매 순간이 초조하다. 어떻게든 그림 속의 사건 현장이 실제가 되지 않게 하려고 고군분투하지만, 이야기는 얄궂게도 아슬아슬하게 그림을 재현해 나간다.

피곤했다. 인간에게 미래를 내다볼 수 있는 능력이 있다면 삶이 얼마나 고달플까? 내일에 대한 기대 없이 앞으로 닥칠 일에 얽매어 걱정하고 불안해하다가 귀한 생을 맥없이 소진해 버릴 것 같아 지레 한숨이 나왔다.

남편은 유비무환을 신조로, 계획과 준비가 철칙인 사람이다. 돌다리도 두드려 보고 건너는 유형이랄까? 여행을 갈 때도 일회용 커피와 종이컵을 챙겨 가는 사람이니, 준비성이 제로에 가까운 나로서는 실로 경탄을 금할 길 없다. 미래를 예측하고 대비하는 것. 계획과 규칙을 세우고, 절도 있는 생활 습관을 기르는 것은 누구에게든 필요한 덕목이다. 하지만, 시현처럼 미래에 일어날 일을 미리 알고 시간의 노예가 되어 살아가는 삶이라면 주저 없이 사양하고 싶다.

나는 한 치 앞도 모르는 우리네 인생이 좋다. 미리 예측할 수 없으니, 언제든 마음만 먹으면 '기적이 일어나기 2초 전'의 설렘을 맛볼 수 있지 않은가?

태풍 경로에 따라 긴박하게 기상청 예보가 이어졌다. 2002년, 익산 땅을 초토화시켰던 루사가 떠올랐다. 안내 견 강산이 용변을 위해 이른 새벽 잰걸음으로 놀이터에 가는 길, 맥없이 통로에 쓰러져 있는 고목을 마주했다. 머뭇거리는 강산이 기척에 발을 앞으로 내밀어 더듬어 보니 통나무 다리가 새로 놓인 것처럼 놀이터 입구를 가로막고 있었다.

솔릭도 어마어마한 풍속과 괴력을 지닌 놈이라고 했다. 교육청에서 발령한 휴업 문자가 비상 연락망을 통해 공지되었다. 밤사이 창문에는 테이프를 X자로 붙여 유리창을 보호하라는 기상청 주의보가 긴박했다. 유주를 친정어머니께 맡기고 출근한 나는 태평하도록 잠잠한 기상 상태에 허탈한 기분이 되고 말았다. 물론 큰 피해 없이 무서운 태풍이 지나가서 천만다행이었지만, 요란한 예보에 긴장할 대로 긴장해서였을까? 맥이 탁 풀렸다.

나는 새 물건을 유난히 아끼는 버릇이 있다. 그렇게 모셔진 물건은 켜켜이 시간을 쌓는다. 아껴두었던 새 물건이 먼지 속에서 광채를 잃어가듯 세월은 나를 기다려주지 않는다. 알 수 없는 내일이라서 다행이다. 얼마든지 꿈꿀 수 있고, 얼마든지 가꿀 수 있으니, 매일 새로울 수 있는 오늘이 얼마나 황홀한가?

내가 딛고 건너야 할 징검다리

　노래와 율동을 유난히 좋아하는 여섯 살 유주는 걸 그룹 언니들 댄스곡을 줄줄 외워 부를 만큼 끼와 흥이 많다. 뉴스를 들을 때 외에는 전혀 텔레비전을 켜지 않는 내가 요즘 유행하는 '아추, 우아하게, 샤샤샤' 등을 흥얼거릴 때면 유주 열창이 떠올라 구겨졌던 마음이 환하게 펴진다.

　유주는 1주일에 한 번 동네 쇼핑센터에서 발레 수업을 수강한다. 수요일이면 예쁜 발레복을 입고 사뿐사뿐 춤 출 생각에 아침부터 신바람이 난다.

　며칠 전 발레 공개수업이 있었다. 유주가 두 학기째 발레 수업을 듣는 동안 나는 한 번도 동행하지 못한 자리였다. 교실이 어떻게 생겼는지, 선생님은 어떤 분인지 사실 잘 몰랐다. 교실 앞 복도에서 학부모들을 대면했다. 그들과 유주는 친근하게 인사했지만, 나와는 일면식이 없었다. 그때가 한 번도 나타나지 않았던 유주 엄마가 장애인이라는 사실을 그들이 소리 없이 알아채는 순간이었으리라.

시각장애인을 처음 대하는 사람들은 언제나 어색해한다. 나 역시도 이유 없이 경직되며 긴장하게 된다. 혼자 몸으로 그런 순간을 견디는 것이야 장애인 경력 20년을 쌓는 동안 어느 정도 이골이 났지만, 해맑게 웃음 짓는 유주와 함께일 땐 사정이 다르다. 그들의 정제되지 않은 시선이 혹여 작은 가슴에 어떤 그늘을 만들지는 않을까? 티 없는 마음에 지울 수 없는 얼룩을 남기지나 않을까?

친정어머니가 잠시 자리를 비운 사이 복도에 있던 엄마들이 교실로 우르르 들어갔다. 할머니를 기다려 함께 들어갈 요량으로 복도 자리를 지키고 있는 내 손을 유주가 잡아 끌었다.

"엄마도 들어와. 선생님, 우리 엄마는 눈이 안 보여요."

순간 정적이 흘렀다. 문 앞에서 높은 톤으로 인사하며, 학부모를 맞이하던 선생님이 당황한 것 같았다. 어색하지 않은 척 인사하고 유주 인도를 받아 자리에 앉았다.

밝은 엄마이고 싶다. 그래서 그런 순간을 맞을 때마다 최대한 쾌활한 표정을 가장하지만, 번번이 타인의 반응 앞에 가시를 세운다.

처음에는 불편한 서먹함을 무조건 부정적인 것으로 오해하며 아파했다. '그들도 어떻게 대처해야 할지 몰라서 그랬겠구나.' 하는 이해는 시간이 지난 후에나 가능했다.

자연스러웠으면 좋겠다. 장애를 드러내는 내 마음도, 세상의 시선도, 그리고 소나기 같은 눈길을 받아내야 하는 유주 마음도 건강할 수 있기만을 기도한다.

발레 수업이 시작되고 아이들은 연초록 잎사귀 같은 목소리로 선생님과 호흡을 맞춘다. 천사 같은 유주 몸짓을 상상한다. 바로 눈앞에 아이를 두고도 마음으로만 그린다. 매번 처음처럼 아프지만, 유주의 발랄한 목소리가, 즐겁게 기량을 뽐낼 줄 아는 모습이 대견했다. 영어로 진행되는 매끄러운 수업 흐름도 놀라웠다. 그래서 감사했다.

차가운 교실 바닥에 앉아 온화한 시선으로 아이를 바라보는 친정 부모님 사랑이 눈물겨웠다. 젊은 엄마들 사이에서 꿋꿋한 딸바보 아빠 육아도 가슴 짠했다.

유주는 미숙한 이 엄마를 실시간으로 성장시킨다. 더 단단하게, 의연하게, 견고하게, 건강하게….

행복한 엄마는 스스로에게 주문한다.

첫째, 두려움을 버릴 것.

둘째, 최대한 유연할 것.

셋째, 피하고 싶은 그 순간을 정면으로 껴안을 것.

> 평설

눈을 감고도 찾아낸 보석 같은 수필들

– 김성은 첫 수필집《점자로 쓴 다이어리》출간에 부쳐 –

삼계三溪 김학

(수필가, 신아문예대학 수필창작 지도교수)

1. 김성은과 수필의 만남

김성은 수필가는 1979년 서울 양천구 목동에서 태어났다. 아버지 김순식과 어머니 박의순의 세 딸 중 장녀로 태어난 서울 토박이 김성은, 그녀는 정목초등학교를 졸업했다. 여덟 살 때 녹내장이 발병하여 시력이 저하되었는데 열 번 정도 수술을 받아도 회복되지 않았다. 하늘이 무너지는 슬픔 아니었겠는가? 그럼에도 그녀는 좌절하지 않고 꾸준히 배움을 이어갔다. 서울맹학교에서 중·고등학교를 마치고, 1998년 대구대학교 특수교육과에 진학하여 학사학위를 받았다.

김성은 수필가는 대학을 졸업한 뒤 익산에 있는 시각장애특수학교에서 직업교육을 담당하고 있다.

김성은에게 2000년 겨울은 평생 잊을 수 없는 추억의 계절이다. 그녀 인생의 전환점이 되었다. 천리안 PC통신으로 지금의 남편과 이메일 펜팔을 시작했기 때문이다.

경북 안동 출신 차상석과 펜팔을 이어가다 2004년에 처음 만났고, 조심스럽게 사랑을 키워갔다고 회상한다. 코레일에 근무하는 차상석은 2006년 경북 운산역에서 전북 익산역으로 근무처를 옮겼고, 마침내 2007년 9월, 서울 여의도 사학연금회관에서 눈물의 결혼식을 올렸다. 얼마나 감동적인가? 한 편의 영화 같았을 것이다. 신랑 차상석은 부모님의 결혼 승낙을 받기까지 얼마나 힘들었을까?

그들 신혼부부는 지금 익산에서 보금자리를 틀어 행복한 가정을 이루고 있으며, 유주라는 예쁜 딸을 낳아 기르고 있다.

김성은이 수필가가 되기까지는 펜팔로 편지를 주고받았던 연애 경험이 큰 보탬이 되었을 것이다. 글쓰기는 편지쓰기보다 더 좋은 훈련 방법이 없기 때문이다. 김성은이 글쓰기에 얼마나 욕심이 많은지를 생각해 보면 미루어 짐작할 수 있다. 매주 목요일 저녁 7시부터 시작하는 신아문예대학 수필창작반에 수필강의를 들으려고 익산에서 전주까지 찾아온다. 그 열정에 감동하지 않을 수 없다.

수필과 만나 열심히 쓰더니 2017년에는 제1회 신아문예대학 수필작가상을 수상했고, 2018년에는 종합문예지 계간 《表現》에서 신인상을 수상하여 당당히 수필가로 등단했다. 김성은의 등단은 눈물겨운 노력으로 얻어낸 성공이라 하지 않을 수 없다.

수필가 김성은, 그녀는 드디어 집념의 산물인 첫 수필집 《점자로 쓴 다이어리》를 선보일 수 있게 되었다. 얼마나 뿌듯할 것인가?

이제 수필가 김성은의 수필 속으로 들어가 보자. 이 첫 수필집에는 60편의 수필이 6부로 나뉘어 편집되어 있다.

2. 김성은 수필 맛보기

사르트르는 문학작품을 탄약을 잰 권총에 비유했다. 창작은 곧 권총을 쏘는 일이나 다를 바 없다고 한 것이다. 그러므로 작가는 권총으로 쏠 표적을 택한 이상 정곡을 겨누어 명중시켜야 한다. 이왕 쏘기로 마음 먹었으면 목표를 명중시켜야 한다는 뜻이다. 작가의 과업이라 하지 않을 수 없다.

김성은의 수필 〈휴대폰 속 차모로족의 역사〉의 제목은 독자의 눈길을 끈다. 도대체 무슨 이야기를 풀어가려는지 짐작조차 할 수 없다.

그러면서도 궁금증을 자아낸다.

그를 처음 만났을 때 그의 아이디는 '아쭈구리'였다. 당시 세간에 유행했던 개그코드를 소리 나는 대로 영문 조합한 'ajjuguri'에는 그 사람 특유의 유쾌함과 발랄함이 묻어났다. 문답형식으로 간단명료하게 만든 자기소개 100문 100답 파일에는 볶음요리를 잘 한다고 씌어 있었다. 괄호 안의 '환상적'이라는 문구는 그의 명쾌한 성격을 짐작게 했다. 탁구공처럼 통통 튀는 문체와 순수한 선의가 고마웠다.

〈휴대폰 속 차모로족의 역사〉 서두

김성은 아가씨와 차상석 총각이 메일을 주고받으며 사랑의 탑을 쌓아 올리던 때의 삽화다. 채팅방에서 가볍게 시작된 인연이 결국 부부로 발전하기에 이르렀다.

원고지 20매가 넘는 이 수필 한 편만 읽으면 두 사람의 러브스토리가 조곤조곤 잘 드러난다. 2년 가까이 일기를 쓰듯 날마다 메일을 주고받았다. 그들이 처음 만난 것은 서울 잠실 롯데월드에서였다.
두 번째 만났을 때 처녀는 특수교사가 되어 있었다. 총각은 쉬는 날마다 경북 안동에서 전북 익산까지 티코를 타고 달려왔다.
섬과도 같았던 익산에 그가 다녀가고 나면 지구에 혼자 남은 것 같은 외로움이 엄습했다고 회고한다.
시부모의 결혼 승낙을 받기까지 그들이 흘린 눈물을 모았더라면 백두산 천지 못지않았을 것이다. 김성은 휴대폰에 총각이 '하늘 같은 서방님'이라고 입력해 놓았다고 하니 이들의 사랑이 얼마나 알콩달콩했는지 알 수 있을 것 같다.

 그들 부부에게도 늘 비단길만 있었던 것은 아니었다. 여느 부부처럼 다투고 토라진 적도 있었는데, 그러면서도 정은 자꾸 깊어졌다.

> 수시로 바뀌는 닉네임에는 남모르는 내 감정이 묻어난다. 감사, 사랑, 행복, 원망, 비난, 고독도 그로 인해 절절이 체감한다. 임경선 작가가 쓴 《곁에 남아 있는 사람》을 읽었다. 차모로든 차든 그는 내 인생 끝까지 곁에 남아 있을 거다. 나 역시 그의 곁에서 할머니가 되리라. 실컷 사랑하고, 미워하고, 부대끼면서 그와 나는 운명 공동체로 굳어져 서로의 곁을 지킬 거다. 우리네 부모님들이 그러셨던 것처럼 할머니, 할아버지가 되어서도 힘닿는 데까지 최선을 다해 티격태격하면서 먼저 가는 사람의 마지막을 배웅하게 될지도 모르겠다. 순전한 존경으로 내 안에 그의 역사가 완성되기를 기도한다. 한 생명의 세계가 된 부모 역할을 부디 성실하게 완수하기를, 평범하지 않은 우리 사랑이 끝까지 아름답기를 진심으로 소망한다.
>
> 〈휴대폰 속 차모로족의 역사〉 결미

 수필가 김성은의 소망은 이 작품의 결미에 그대로 담겨져 있다. 아니 이게 모든 부부의 소망일지도 모르겠다. 그 소망이 꼭 이루어지리라 믿는다. 수필은 그 어느 문학 장르보다 작가의 개성이 잘 드러나기 마련이다. 그것은 작가 자신이 겪은 것을 자신의 목소리로 풀어내기 때문이다. 수필은 평범한 일상에 의미의 옷을 입히는 문학이다. 의미의 옷을 입히지 않는 글은 진짜 수필이라고 할 수 없다.

 수필은 소리 내어 통곡하기보다는 슬픔을 안으로 삭이는 문학이다. 수필은 기쁨을 활짝 드러내기보다는 입가에 살짝 미소를 띠게 하는 글이다. 수필은 분노를 폭발시키기보다는 조용히 잠재우는 글이다. 수필은 고독을 천하게 드러내기보다는 안으로 스며들게 하는 글이다. 원로 수필가 이정림의 이 충고는 수필가들이 꼭 귀담아 들어야 할 명언이 아닐 수 없다.

> 유주가 2학년을 마쳤다. 떨리는 마음으로 생활통지표 봉투를 열었다. 흥이 많아서 율동과 노래를 잘한다고, 호기심이 많아 과제 수행 속도가 다소 느리지만 끝까지 완수하려는 노력이 예쁜 학생이라고 씌어 있었다. 딸아이 성향을 정확하게 짚어낸 담임선생님 문장에서 1년간의 노고가 묻어났다.
>
> 〈열 살 유주의 밸런타인데이〉 서두

 어린 딸의 통신표를 열어보는 엄마 마음이 얼마나 설렜을까? 떨리는 마음으로 읽어가는 초보 엄마 심경이 잘 그려져 있다. 유주는 좋아하는 남자친구에게 주려고 마트에 가서 샀던 초콜릿을 친구가 아닌 태권도장의 작은여자사범에게 건네주었다. 이야기를 듣고 엄마는 어떤 생각을 했을까? 초콜릿을 좋아하는 남자친구에게 주지 못하고 여자사범에게 드리고 온 딸의 마음을 엿본 엄마 입가에 그려졌을 미소를 떠올려 보는 재미도 쏠쏠하다.

김성은 수필가는 수필 제목을 잘 뽑아내는 작가다. 〈플루트 소리로 남은 내 친구, 강산이〉도 그 하나다. 강산이는 앞을 못 보는 화자와 7년 동안이나 동거했던 안내견이다. 지난 7년 동안 강산이와의 추억이 얼마나 많았을 것인가?

> 신혼 생활이 달콤했지만, 강산이와의 고요하고 자유로운 산책은 한 인간에게 필요한 지극히 사적인 휴식이었다. 힘들어하는 나를 위해 남편은 자전거를 태워주었고 공기 좋은 야외로 나들이를 나가기도 했다.
> 하루는 흰지팡이를 손에 쥐고 강산이와 걷던 길로 나가 보았다. 머리 위에 하늘을, 바깥바람을 감촉하고 싶었다. 나 대신 방향을 잡아 주고 안전하게 안내해 주던 강산이가 없으니 방향을 잡는 것도, 주변의 위험을 감지하는 것도 오롯이 내 몫이었다. 무엇보다 집 앞 4차선 도로에서 쌩쌩 달리는 차들이 다 나를 향한 것 같아 지팡이 쥔 손에 땀이 흥건했다. 도저히 앞으로 나갈 용기가 나지 않았다. 강산이랑은 거의 뛰다시피 걷던 길이었지만 혼자서는 몇 발짝도 힘들었다.
> 겨우 방향을 되돌려 다시 집으로 올라왔다. 10분도 안 되는, 집 앞 상가 수준을 벗어날 수 없는 내 보행능력이 한탄스러웠다.
> 　　　　　　　　　〈플루트 소리로 남은 내 친구, 강산이〉 중에서

화자는 산책 대신 플르트를 배워 강산이에게 들려주겠노라고 약속했다. 열심히 플루트를 배우고 연습했다. 그녀에겐 새로운 꿈이 하나 생겼다.

> 플루트는 요술 같았다. 강산이가 남기고 간 빈자리에 눈물 대신 미소가 피어나고 있었으니까. 여전히 답답했고 힘들었으나 플루트에 몰두하고 나면 나를 원 없이 소진한 것 같았다. 그 느낌만으로 뭔가 치유 받은 기분이 되기도 했다.
>
> 동생 결혼식에서 축가를 연주하고 싶다는 새로운 목표가 내 의지에 불을 댕겼다. 막연한 바람은 심장 떨리는 추억이 되었다. 그렇게 강산이는 가슴에 사무치는 보석으로 남았다.
>
> 〈플루트 소리로 남은 내 친구, 강산이〉 중에서

문학은 상상의 산물이다. 특히 수필의 경우는 두말할 필요가 없다. 상상에는 재생적 상상과 창조적 상상이 있다.

상상이란 무엇인가? 베이컨은 상상이란 사실의 세계에 매이지 않고 사람들을 마음대로 변형시켜 사실보다 더 아름답게, 더 좋게, 더 다양하게 만들어 즐기는 것이라고 했다. 수필가라면 모름지기 귀담아 들어야 할 이야기다.

미혼일 때에는 불이 켜졌는지 꺼졌는지만 확인하면 되었다. 하지만 아이를 낳고 나서는 문제가 달랐다. 유주가 100일도 되기 전 기억이다. 잠에서 깬 아이가 갑작스럽게 울어서 당황한 일이 있었다. 아무리 달래도 아이가 울음을 그치지 않았다. 이상했다.

친정 아버지가 전등을 켜자 아기는 거짓말처럼 울음을 뚝 그쳤다. 미안했다. 불 켜 달라고 그렇게 운 것을 알아채지 못한 내 신세가 서글펐다.

〈캄캄해도 잘 보는 엄마〉 중에서

빛도 감별하지 못하는 엄마의 슬픔을 아기가 어떻게 이해할 수 있겠는가? 어린 유주가 자라서 어느덧 초등학교 학생이 되었다. 그 아이는 이제 엄마를 도와줄 만큼 성장했다.

수필은 체험의 문학이다. 다양한 체험은 다채로운 수필을 빚을 수 있는 원천이 된다. 또 수필은 평범한 일상에 새로운 의미의 옷을 입히는 문학이라고도 했다. 모름지기 수필가라면 육안肉眼으로 본 것만을 전부인 양 생각해서는 안 된다, 심안心眼으로 헤아릴 줄 아는 지혜가 필요한 까닭이다. 좋은 수필을 쓰려면 잡학박사가 되라고 하는 이유도 여기에 있다. 육안으로 볼 수 없는 화자 김성은, 그녀는 글감을 심안으로 보고 수필을 빚을 수밖에 없다.

〈다섯 맹인의 번개 모임〉이란 수필도 눈길을 끌었다. 화자의 중학교 동창 다섯 명이 서대전역에서 만난 것이다. 인천 송도에 사는 유미와 익산에 사는 성은, 대전에서 교사로 있는 대범이, 그리고 허 선배 등 다섯 명이 번개 모임을 갖게 된 것이다. 얼마나 반가웠겠는가?

오랜만에 모인 우리는 중학교 동창이다. 맹학교에서 허물없이 학창 시절을 함께했다. 서로의 가정 형편부터 소소한 흑역사까지 모르는 게 없는 죽마고우다.

모든 환경이 시각장애인을 위해 갖추어져 있는 맹학교 울타리를 벗어나 험한 세파에 시달리며 고군분투했다. 비장애인 조직에서 구성원으로서 책무를 완수하기 위해 치열했다. 서로의 피로를 누구보다 잘 알았다. 포장할 이유도, 예의를 갖출 필요도 없는 우리는 마흔이라는 나이를 잊고 어느새 맹학교 교실 안에 앉아 있었다.

〈다섯 맹인의 번개 모임〉 중에서

다섯 맹인이 뭉쳐 다니며 하하호호 즐거워하는 모습이 건강한 사람들에겐 구경거리였을지도 모른다. 그러나 그들은 저녁식사를 하고 커피를 마시며 수다를 떨다가 헤어져 각자가 살던 곳으로 돌아갔다.

얼마나 즐거운 모임이었을까? 상상만 해도 신바람이 났을 것 같다.

그날 밤 집에 도착한 그들은 서로 카톡으로 소식을 나누며 밤새도록 즐거운 수다를 떨었을 것이다.

수필은 삶의 문학이며 정의 문학이다. 삶의 다양한 문제를 다루면서 그 문제를 자신만의 방식으로 풀어나가는 글이 바로 수필이다.

수필은 소중한 경험의 산물이요, 수필가는 그 경험의 전파자라 할 수 있다.

나의 취미는 독서다. 두 눈으로 책을 볼 수 없어 주로 귀를 이용하여 녹음도서, 점자도서, '데이지'라는 시각장애인 전용 파일 형태로 책을 듣는다. 전문 성우들에게 일정 기간 교육 받고 육성으로 녹음 작업해 주시는 아름다운 봉사자님들 덕분에 중학교 시절부터 다독가였다.

학창 시절, 특수학교에 몸담고 있으면서도 장애를 인정하기 싫었다. 바깥 활동이 자유롭지 못해 책 속 세계에 몰입했다. 서서히 진행되는 녹내장은 멀쩡한 내 두 발을 집 안에 묶어 놓았다. 그 시절 나에게 독서란 도피처가 아니었을까? 현실을 잊을 수 있었다. 몇 시간이고 몰입할 수 있는 끝 간 데 없는 침잠이 나를 안도하게 했다.

〈거북에 얽힌 사연〉 중에서

수필가 김성은, 그녀는 종이 거북 접기를 좋아한다. 책상에 앉아 작업하거나 손이 쉬게 될 때면 습관적으로 종이 거북을 접는다. 귀로는 무언가를 듣고 있지만 의자에 멍하니 앉아 있다 보면 집중력이 흐트러지기도 하고, 때론 잠이 오기도 하여 손을 움직여 보자는 의도로 시작한 작업이다. 귀로는 책을 듣고 손으로는 거북을 접는 김성은!

감정적으로 견디기 힘든 순간이나 펑펑 울고 싶을 때에도 귀에 이어폰을 꽂은 채 거북을 접었다. 그렇게 태어난 종이 거북이 수만 마리는 족히 넘으리라.

〈거북에 얽힌 사연〉 중에서

초등학교 때 화자 아버지가 바닷가에서 낚시를 하다가 거북을 한 마리 잡아 왔더란다. 어머니는 세 딸을 데리고 인천 월미도에 가서 그 거북을 바다로 돌려보냈다. 화자는 지금도 바다로 돌려보낸 그 거북의 안녕을 궁금해한다. 그 거북이 때문에 틈만 나면 종이 거북을 접는다.

좋은 수필을 쓰려면 단어 하나를 선택하는 일에서부터 치열한 고민이 필요하다. 글쓰기에 어찌 왕도가 있겠는가? 쓰고 고치고 쓰고 고쳐야 할 뿐이다. 그런 노고를 거쳐야 수필가로서 정상에 오를 수 있다.

> 몇 년 전, 세계적으로 능력을 인정받고 지구촌을 무대로 활동하고 있는 장애인 음악가들 공연을 관람한 일이 있었다. 다리가 불편했고, 눈이 불편했으며, 또 누군가는 손가락이 없는 몸이었지만, 그들이 빚어내는 선율과 화음은 천상의 하모니였다. 내 마음을 더 훈훈하게 했던 것은 주최 측이 모든 수입금을 100% 희귀병 어린이들의 수술비로 기부한다는 사실이었다.
>
> 〈상생의 기적〉 중에서

앞을 못 보는 화자는 맹학교에서 일할 수 있어 다행이라고 여긴다고 했다. 자기 같은 장애를 지니고 살아가야 하는 학생들에게 같은 불편함을 느끼는 사람으로서 생생한 증언과 도움, 소소한 정보며 경험담까지 결코 비장애인 선생님들이 가질 수 없는 공감대를 나눌 수 있기 때문이라고 했다. 이 마음씨가 얼마나 곱고도 아름다운가?

5년 남짓 수필에 매달린 김성은 수필가는 멋진 수필을 빚을 줄 아는 수필가로 성장했다. 그녀의 수필에서는 수필의 맛과 멋이 느껴진다.

> 시든 수필이든 소설이든 글을 쓰는 사람들은 기본적으로 마음에 온기가 남다르지 않나 생각합니다. 관점과 시선의 깊이가 깊다고 할까요?
> 도움이 필요한 시각장애인에게 선뜻 무언가를 권유한다는 것이 쉽지 않으셨을 겁니다. 귀찮고 성가신 상황이 생길 수 있다는 것을 어느 정도 예감하셨을 텐데, 아닌 게 아니라 수필반에 처음 등록하고 한 학기 동안 선생님께서 제 출석 도우미를 거의 전담하다시피 하셨었잖아요. 선생님 진심으로 감사드립니다.
>
> 〈수필 전도사님께〉 중에서

김성은이 신아문예대학 수필창작 목요야간반에 나오기까지는 시행착오가 있었다. 익산에 사는 그녀가 우석대학 평생교육원 시 창작반에 등록하고 보니 평생교육원은 삼례에 있지 않았다. 개강 첫날은 동료 선생의 차를 타고 우석대 삼례 캠퍼스 정문에서 내렸다. 평생교육원이 전주에 있다고 했을 때 얼마나 난감했겠는가?

우석대 평생교육원 시창작반에서 한 학기를 보내고 신아문예대학 수필창작 목요야간반으로 옮겼을 때는 얼마나 흐뭇했겠는가?

김성은을 수필반으로 소개해 준 분을 수필 전도사라 하며 한 편의 수필로 감사의 뜻을 표하고 있다. 김성은은 이렇게 다짐하고 있어 믿음직하다.

> 단 한번 사는 생인데, 두 눈을 도둑맞아서 많이 억울했습니다. 그래도 쓸 수 있고, 읽을 수 있고, 들을 수 있으니까, 말할 수 있으니까 남은 감각으로라도 누려보려고 합니다.
>
> 갈 길이 멉니다. 잘 쓰고 싶은데, 써놓고 보면 맥없이 조악합니다. 그래도 끝까지 순수한 열정 쏟아볼게요. 언젠가는 꼭 좋은 소식 전해드리겠습니다. 축복받은 이 계절에 선생님의 하루하루가 평안하시길 기원합니다. 건강하십시오.
>
> 〈수필 전도사님께〉 결미

김성은 수필가는 자기를 도와준 수필전도사에게 이렇게 다짐하고 있다. 그녀의 약속이 꼭 이루어지리라 기대한다.

수필가는 역사의 기록자가 되어야 한다. 수필 한 편 한 편에 그런 각오로 기록을 남겨야 할 것이다. 수필의 문장은 행복을 주는 언어로 짜여야 좋다. 사실 우리가 늘 사용하는 언어에는 '사실언어'와 '감동언어'가 있다. 그런데 '사실언어'는 때로는 듣는 사람에게 불쾌감을 줄 수도 있다. 그러나 '감정언어'는 상대방에게 기쁨과 즐거움을 준다. 그러니 수필을 쓸 때 가능하다면 '감정언어'로 문장이란 무늬를 짜면 좋지 않을까 한다.

3. 수필가 김성은이 가야 할 길

 문학은 체험의 재구성이다. 문학의 다섯 가지 장르 중 수필은 특히 체험 자체를 가장 중요하게 여기는 장점이 있다. 그 체험에 의미 부여란 양념이 제대로 버무려지지 않으면 수필로서의 대접을 받지 못한다. 일찍이 수필가 김규련 선생은 이렇게 이야기했다.
 "수필은 시로 쓴 소설이요, 소설로 쓴 철학이며, 언어로 그린 명화名畵요, 뜻으로 부르는 노래일지도 모른다."라고.
 수필은 거짓없는 자화상이라고 할 수도 있을 것이다.
 수필의 길은 멀고도 험난하다. 나이가 많다고, 학벌이 좋다고, 사회적 지위가 높다고, 돈이 많다고, 오래 썼다고 좋은 수필을 쓸 수 있는 것은 아니다. 좋은 수필을 빚는 데 왕도란 있을 수 없다. 많이 읽고, 많이 쓰고, 많이 생각해 보라는 구양수의 삼다설三多說을 따르는 것이 바로 좋은 수필을 쓸 수 있는 요체라고 생각한다.
 수필가 김성은이 드디어 첫 수필집을 선보이게 되었다. 더욱더 정진하여 제2, 제3의 수필집 출간으로 낙양의 지가를 올리기 바라마지 않는다.

김성은 수필집
점자로 쓴 다이어리

인쇄 2021년 3월 25일
발행 2021년 3월 30일

지은이 김성은
발행인 서정환
발행처 신아출판사
주소 전라북도 전주시 완산구 공북1길 16
전화 (063) 275-4000, 252-5633
팩스 (063) 274-3131
이메일 sina321@hanmail.net
출판등록 제465-1984-000004호
인쇄·제본 신아출판사

저작권자 ⓒ 2021, 김성은
이 책의 저작권은 저자에게 있습니다. 서면에 의한 저자의 허락없이
내용의 일부를 인용하거나 발췌하는 것을 금합니다.
COPYRIGHT ⓒ 2021, by Kim Seongeun
All rights reserved including the rights of reproduction in whole
or in part in any form.
저자와 협의, 인지는 생략합니다. 잘못된 책은 바꿔 드립니다.

ISBN 979-11-5605-891-5 03810
값 13,000원

Printed in KOREA